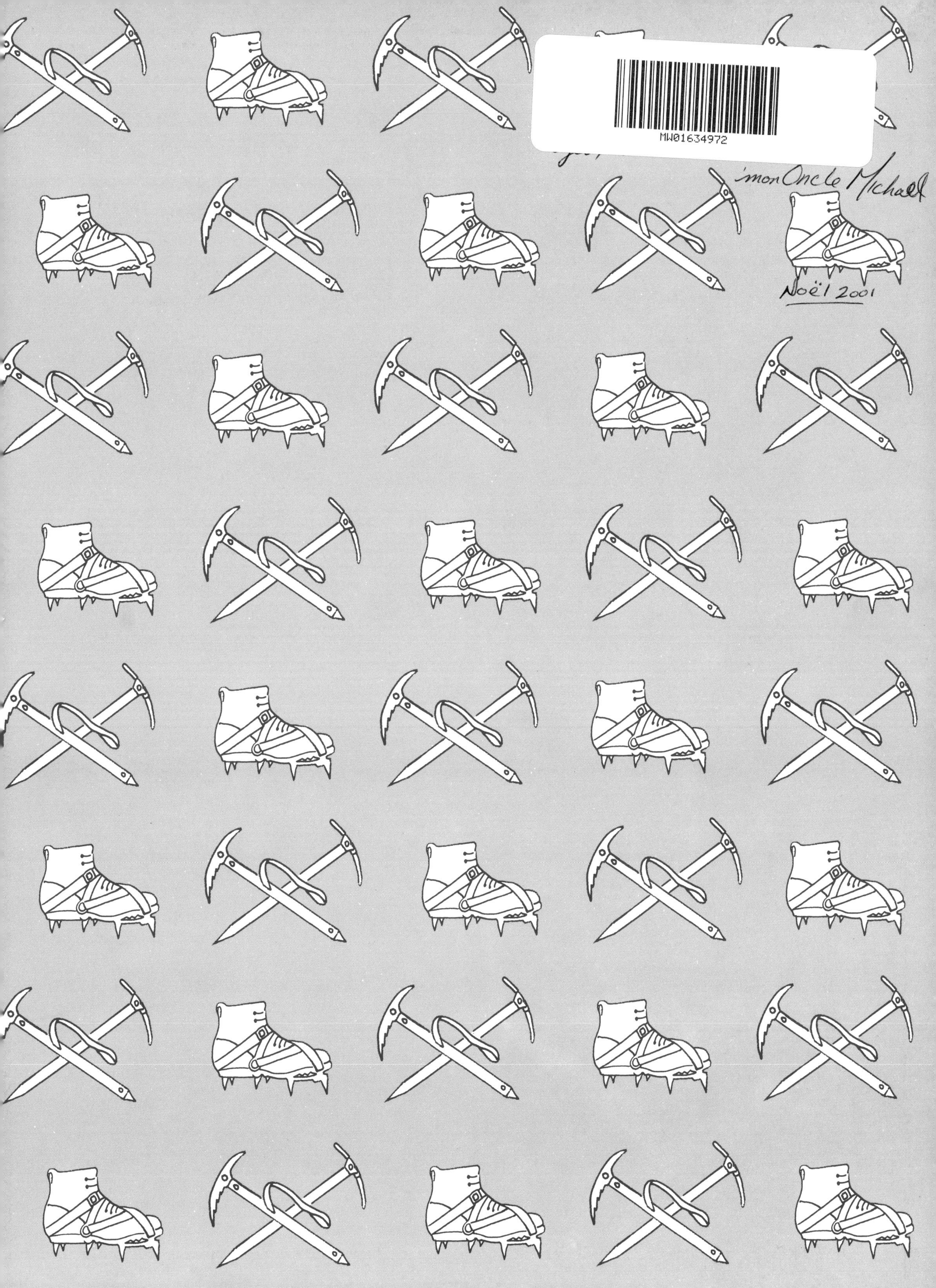
MW01634972
mon Oncle Michael
Noël 2001

les montagnes du monde

Roue bouddhique

Sac inca

Affiche pour une station de sports d'hiver

Chamois

Surf des neiges

Amulette hindoue

les montagnes du monde

Chapeau chimu

par
Rebecca Stephens

GALLIMARD

Statue bouddhique tibétaine

Aigle de Verreaux

Piolets

Jarre à eau de la civilisation moche (Andes)

Pièce de monnaie antique portant une représentation d'Hannibal

Puma

Comité éditorial

Londres :
Gordon Knowles, directeur éditorial
Jayne Parsons, responsable éditoriale
et Julia Harris, responsable artistique

Paris :
Christine Baker, Maylis Leroy
et Eric Pierrat

Pour l'édition anglaise :
Edition : Marek Walisiewicz
et Monica Byles
Maquettiste : Rebecca Johns
et Jane Tetzlaff
Fabrication : Kate Oliver
Iconographes : Amanda Russell
et Andrea Sadler
PAO : Matthew Ibbotson
et Almudena Díaz

Edition française
traduite et adaptée
par Bruno Porlier
Edition : Barbara Kekus, Octavo, Paris VIe
Conseil : Yves Ballu
Préparation : Emmanuel de Saint-Martin
Correction : Isabelle Haffen, Lorène Bücher et Eliane Rizo
Index : Claire Passignat-Gleize
Montage PAO : Bruno Porlier & Octavo
Flashage : Arc-en-ciel - Paris XIIe
Maquette de couverture : Raymond Stoffel
Photogravure de couverture : Mirascan

ISBN 2-07-054455-9
La conception de cette collection est le fruit
d'une collaboration entre les Editions Gallimard
et Dorling Kindersley

Loi n° 49-956 du 16 juillet 1949
sur les publications destinées à la jeunesse
Dépôt légal : mai 2001
N° d'édition : 97276

Photogravure : Colourscan, Singapour
Imprimé en Chine par Toppan Printing Co., (Shenzen) Ltd

SOMMAIRE

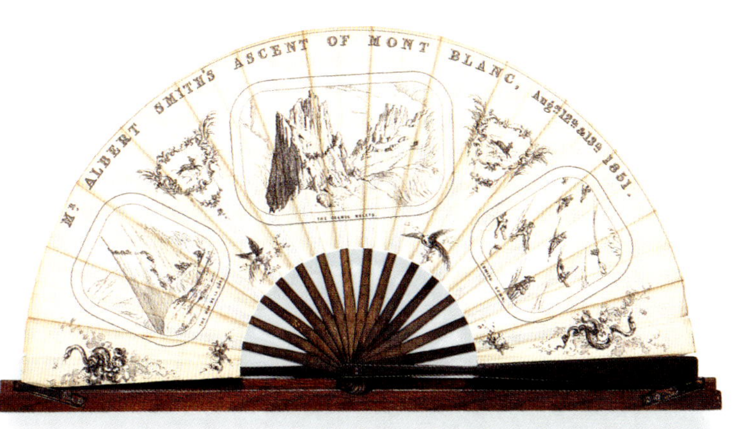

Eventail commémorant les différentes étapes de l'expédition de Mr Smith, de Londres jusqu'au sommet du Mont Blanc en 1851

AU-DESSUS DES ALPES
Voici les Alpes européennes, une chaîne de montagnes typique, telles qu'on les voit du ciel. Leur nom dérive du terme latin « Album » (blanc) dont la déformation a donné « Alpum » puis « Alpes ». Dès les temps préhistoriques, l'homme a cherché à traverser les Alpes.

DES MONTAGNES DANS LE MONDE ENTIER

Présentes sur tous les continents, les montagnes recouvrent environ un vingtième de la surface de l'ensemble des terres émergées, offrant les paysages les plus spectaculaires de notre planète. Certaines ont l'aspect d'un sommet unique trônant, solitaire, au milieu des plaines, mais la plupart forment de longues chaînes de plusieurs centaines de kilomètres, voire de plusieurs milliers dans le cas des cordillères. Leur altitude est extrêmement variable. Le mont Snowdon, au pays de Galles (Royaume-Uni), qui culmine à 1085 m, fait figure de colline face à la chaîne de l'Himalaya, où 14 sommets dépassent 8000 m. Mais quelle que soit leur altitude, les montagnes s'imposent toujours dans le paysage. Elles déterminent leur propre climat, abritent des plantes et des animaux que l'on ne rencontre pas ailleurs, et influencent de façon radicale la vie des hommes qui vivent à leur pied.

Une équipe effectue des relevés à l'aide d'un théodolite monté sur un trépied.

À LA MESURE DES SOMMETS
Autrefois, on mesurait l'altitude des montagnes au moyen d'un appareil appelé théodolite. Il s'agit, dans son principe, d'une longue-vue équipée d'un niveau à bulle et d'une visée graduée, qui permet de relever l'angle entre un point de hauteur connue et le sommet à mesurer. Une simple formule de trigonométrie est ensuite utilisée pour calculer sa hauteur. De nos jours, les relevés par satellite donnent des mesures beaucoup plus précises.

UN AIR RARÉFIÉ
Le 19 septembre 1648, à la demande de Pascal, son beau-frère Périer effectue des expériences barométriques au sommet du Puy de Dôme pour vérifier que la pression de l'air décroît avec l'altitude. A 5500 m, elle est en effet égale à la moitié de celle qui règne au niveau de la mer. La pression est liée en partie à la densité de l'air. Au cours d'une ascension, les alpinistes doivent s'adapter à la raréfaction de l'oxygène.

Pas moins de 11 télescopes équipent la station astronomique installée au sommet du Mauna Kea, au-dessus des nuages et des brouillards.

LA PLUS HAUTE MONTAGNE DU MONDE
Le Mauna Kea, un volcan endormi de l'archipel hawaïen, s'élève à 4 205 m au-dessus du niveau de la mer ; une altitude modeste, comparée à celle des plus hauts sommets himalayens. Mais si on le mesure à partir de sa base, située au fond de l'océan, il atteint 9750 m, soit 902 m de plus que l'Everest. L'atmosphère cristalline et non polluée que l'on trouve à son sommet en fait un site idéal pour les observations astronomiques.

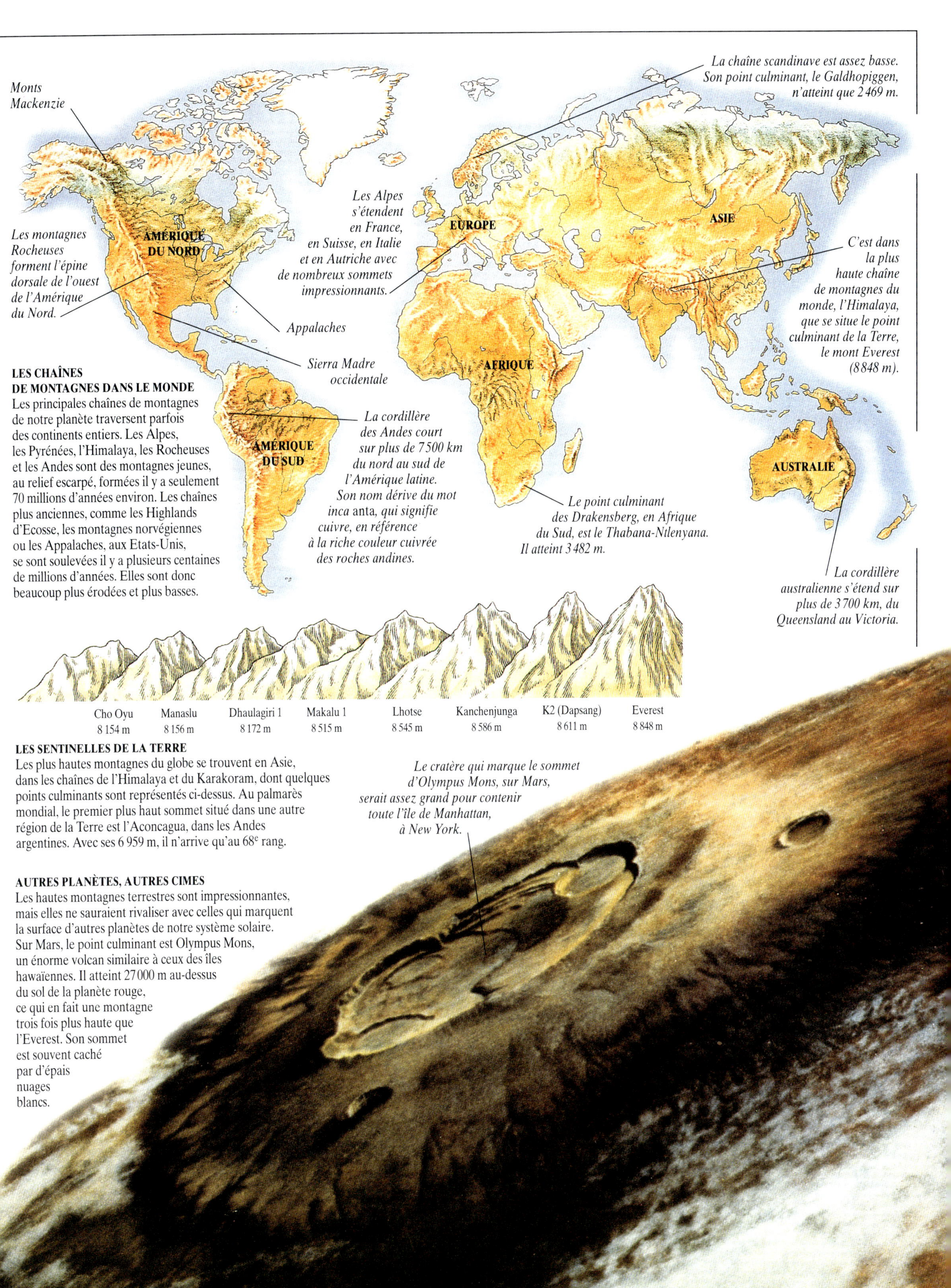

La chaîne scandinave est assez basse. Son point culminant, le Galdhopiggen, n'atteint que 2 469 m.

Les montagnes Rocheuses forment l'épine dorsale de l'ouest de l'Amérique du Nord.

Les Alpes s'étendent en France, en Suisse, en Italie et en Autriche avec de nombreux sommets impressionnants.

C'est dans la plus haute chaîne de montagnes du monde, l'Himalaya, que se situe le point culminant de la Terre, le mont Everest (8848 m).

LES CHAÎNES DE MONTAGNES DANS LE MONDE
Les principales chaînes de montagnes de notre planète traversent parfois des continents entiers. Les Alpes, les Pyrénées, l'Himalaya, les Rocheuses et les Andes sont des montagnes jeunes, au relief escarpé, formées il y a seulement 70 millions d'années environ. Les chaînes plus anciennes, comme les Highlands d'Ecosse, les montagnes norvégiennes ou les Appalaches, aux Etats-Unis, se sont soulevées il y a plusieurs centaines de millions d'années. Elles sont donc beaucoup plus érodées et plus basses.

La cordillère des Andes court sur plus de 7 500 km du nord au sud de l'Amérique latine. Son nom dérive du mot inca anta, *qui signifie cuivre, en référence à la riche couleur cuivrée des roches andines.*

Le point culminant des Drakensberg, en Afrique du Sud, est le Thabana-Ntlenyana. Il atteint 3 482 m.

La cordillère australienne s'étend sur plus de 3 700 km, du Queensland au Victoria.

LES SENTINELLES DE LA TERRE
Les plus hautes montagnes du globe se trouvent en Asie, dans les chaînes de l'Himalaya et du Karakoram, dont quelques points culminants sont représentés ci-dessus. Au palmarès mondial, le premier plus haut sommet situé dans une autre région de la Terre est l'Aconcagua, dans les Andes argentines. Avec ses 6 959 m, il n'arrive qu'au 68e rang.

Le cratère qui marque le sommet d'Olympus Mons, sur Mars, serait assez grand pour contenir toute l'île de Manhattan, à New York.

AUTRES PLANÈTES, AUTRES CIMES
Les hautes montagnes terrestres sont impressionnantes, mais elles ne sauraient rivaliser avec celles qui marquent la surface d'autres planètes de notre système solaire. Sur Mars, le point culminant est Olympus Mons, un énorme volcan similaire à ceux des îles hawaïennes. Il atteint 27 000 m au-dessus du sol de la planète rouge, ce qui en fait une montagne trois fois plus haute que l'Everest. Son sommet est souvent caché par d'épais nuages blancs.

LES MONTAGNES EN ÉVOLUTION PERMANENTE

La formation des chaînes de montagnes, appelée orogenèse, est le résultat de plissements de la croûte terrestre dus aux mouvements des plaques tectoniques, sur lesquelles reposent les continents et les planchers océaniques. Ces mouvements mettent en jeu des forces considérables. Ainsi, il y a 50 millions d'années, l'Inde, qui était alors une immense île dérivant vers le nord sur sa plaque continentale, vint heurter l'Asie. À leur point de rencontre, les forces antagonistes provoquèrent le début du soulèvement de l'Himalaya. De nos jours, la plaque indienne continue de pousser sur l'Asie, se déplaçant de 5 cm par an ; dans le même temps, l'Himalaya continue de s'élever d'environ 1 cm. D'autres montagnes naissent de types de mouvements tectoniques différents. Ainsi, une zone de collision peut provoquer la remontée de magma (roches en fusion) depuis les profondeurs de la Terre, entraînant la naissance d'un volcan.

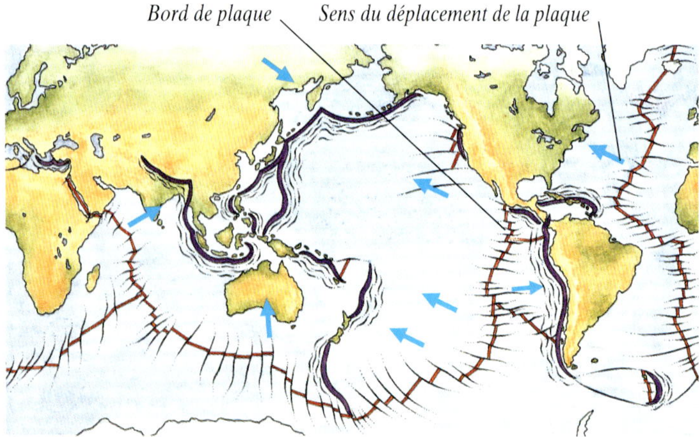

TECTONIQUE DES PLAQUES ET PLISSEMENTS
La croûte terrestre, ou lithosphère, se divise en neuf immenses plaques et une douzaine de plus petites. Les continents sont portés par les plaques continentales, tandis que les plaques océaniques forment le plancher des océans. Ces plaques – dites tectoniques – se déplacent d'environ 1 cm par an, soit dix kilomètres chaque million d'années. Certaines s'écartent les unes des autres, d'autres se rapprochent, d'autres encore glissent l'une sur l'autre. Les montagnes tendent à se former en bordure des continents, c'est-à-dire là où une plaque océanique vient heurter la plaque continentale qui les porte.

DES GÉANTES USÉES
Dès que des montagnes se forment, les agents érosifs entrent en action et commencent à user et à mettre en pièces leur surface, réduisant leur altitude au fil du temps. C'est pourquoi l'on peut affirmer que les montagnes les plus hautes sont également les plus jeunes. Les Appalaches, qui s'étendent en Amérique du Nord depuis Terre-Neuve jusqu'à l'Alabama, constituent une chaîne très ancienne, formée il y a quelque 250 millions d'années. Jadis, elles étaient aussi hautes et impressionnantes que les Andes actuelles. De nos jours, elles ne sont plus qu'une succession de petits monts au relief émoussé.

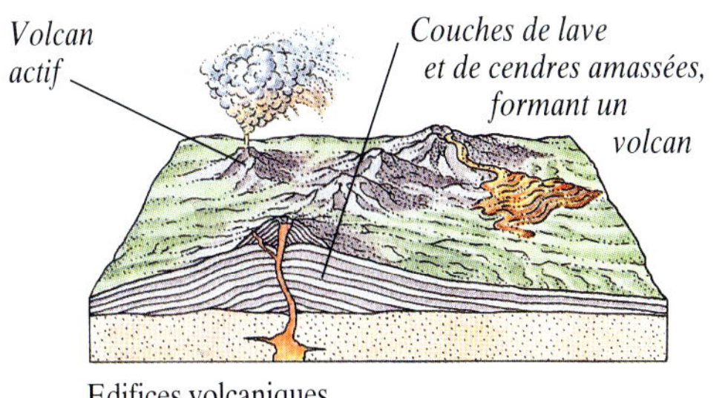

Edifices volcaniques

L'OROGENÈSE : UNE NAISSANCE MOUVEMENTÉE

Presque toutes les montagnes se forment en bordure des plaques tectoniques qui constituent la surface terrestre. Là où ces plaques se heurtent, une lave épaisse, des fragments de roche et de la poussière sont parfois expulsés des profondeurs de la terre et se répandent en surface, formant un cône volcanique. Ailleurs, la roche ploie sous les pressions énormes qui s'appliquent, plissant le socle rocheux, et une chaîne montagneuse se forme. Lorsque des compressions ou des tensions naissent dans la roche, une portion de la croûte terrestre peut se trouver surélevée ou s'affaisser le long de lignes de faille (lignes de rupture dans la roche dues à une faiblesse locale), formant alors des boucliers faillés.

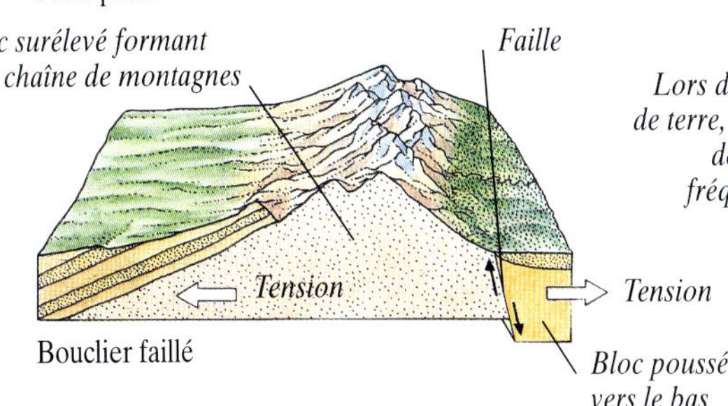

Socle plissé

Section de route effondrée lors d'un tremblement de terre à Los Angeles, aux Etats-Unis, en 1994

Lors d'un tremblement de terre, ce sont les ondes de surface de basse fréquence qui causent le plus de dégâts.

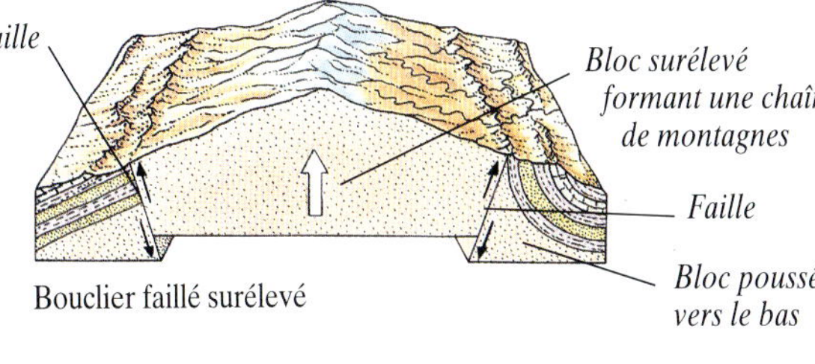

Bouclier faillé

Faille

Bloc surélevé formant une chaîne de montagnes

Faille

Bloc poussé vers le bas

Bouclier faillé surélevé

DANS LES ENTRAILLES DE LA TERRE

Des forces phénoménales de même nature que celles qui érigent les montagnes sont parfois libérées subitement le long des failles, là où deux plaques se rencontrent, créant des frottements. Ces plaques peuvent glisser doucement l'une sur l'autre mais, par endroits, leur mouvement est gêné par des forces antagonistes. Sous l'effet de la poussée, des contraintes énormes s'accumulent alors, jusqu'au jour où la roche cède, envoyant des ondes sismiques à travers le sol : c'est le tremblement de terre. La source de ces ondes, appelée épicentre du séisme, peut se situer jusqu'à 720 km de profondeur dans le sol. C'est à la verticale de l'épicentre que le tremblement de terre est le plus violent.

BROYEURS DE MONTAGNES

Les glaciers se déplacent très lentement mais leur masse énorme leur donne une puissance érosive considérable. Les blocs minéraux pris dans la glace rabotent le substrat rocheux. Les débris s'écoulent ensuite vers le pied des glaciers, où ils s'accumulent en moraines. Un glacier de quelques centaines de mètres de large seulement arrache et broie des millions de tonnes de roches par an.

LE JEU DES PLISSEMENTS ET DES FAILLES

Lorsqu'elles sont comprimées par la collision des plaques tectoniques, les roches de la croûte terrestre commencent à se plisser. Plus les contraintes sont fortes et durables, plus le plissement s'amplifie. Avec le temps, un pli simple peut être couché et former un faisceau de plis. Ainsi, la croûte terrestre se brise en couches de roches, appelées nappes de chevauchement, pouvant atteindre 20 km d'épaisseur. Ce complexe de plis et de failles absorbe les forces tectoniques sur des surfaces qui s'étendent à des centaines de kilomètres vers l'intérieur des continents. Ci-dessous, on a simulé le phénomène en représentant les strates rocheuses à l'aide de sable coloré.

Plissement

LES SEPT SOMMETS DE LA GLOIRE

Les points culminants de chacun des « sept » continents (l'Amérique du Nord et du Sud comptant pour deux continents) sont désignés simplement par les alpinistes comme « les Sept Sommets ». Chacun est très différent des autres et, depuis les années 1980, boucler leur ascension est devenu un grand défi pour les aventuriers de la montagne. En Australie, toutefois, le sommet le plus élevé (le Kosciusko) n'offre guère de difficultés. C'est pourquoi certains ont proposé que la pyramide Carstensz, beaucoup plus haute, située en Nouvelle-Guinée, au nord de l'Australie, le remplace parmi les Sept Sommets.

Au sommet du mont McKinley, le climat est plus rude qu'au pôle Nord.

LE McKINLEY
A quelques degrés en dessous du cercle arctique, le McKinley, dont le sommet enneigé culmine à 6 194 m, domine les plaines de l'Alaska. Egalement appelé pic Denali, le point culminant d'Amérique du Nord est l'un des plus froids qui soient. Les conditions climatiques extrêmes, les avalanches fréquentes et les profondes crevasses qui le marquent, rendent son ascension extrêmement difficile. De nos jours encore, la moitié seulement des prétendants parviennent à le gravir.

Dick Bass déployant le drapeau américain après avoir vaincu le dernier des Sept Sommets

LES SEPTS SOMMETS BOUCLÉS
Le 30 avril 1985, l'entrepreneur texan Dick Bass parvenait au sommet de l'Everest. Il achevait ainsi un programme de cinq années d'escalade autour du globe, dans le but d'être le premier homme à avoir gravi les plus hauts sommets des « sept » continents. Au mois d'août de l'année suivante, Pat Morrow, photographe canadien, répéta l'exploit avec la variante moderne incluant la pyramide Carstensz à la place du Kosciusko.

En 1992, 32 alpinistes se trouvèrent ensemble au sommet de l'Everest.

L'EVEREST
L'Everest se partage entre le Tibet et le Népal, dans l'Himalaya. Avec ses 8 848 m de hauteur, c'est le point le plus élevé du monde. Pour un alpiniste, son ascension est prestigieuse. Son nom tibétain est Chomolungma (« déesse-mère du monde »). Au Népal, il est appelé Sagarmatha (« dont la tête touche le ciel »). En Occident, avant d'être identifié comme le point culminant de la Terre, on le désigna longtemps sous le nom de Peak XV.

LE KILIMANDJARO
Plus haute montagne d'Afrique, le Kilimandjaro est un volcan éteint situé en Tanzanie, immédiatement au sud de la frontière avec le Kenya, à peu de distance de l'équateur. Sa base est imposante et très étalée ; ses pentes sont couvertes de forêts de type alpin. En raison de sa grande altitude (5895 m), il est couronné d'un glacier et de neiges éternelles, que l'on confond souvent, de loin, avec les nuages flottant au-dessus des grandes plaines arides qui l'entourent. Le Kilimandjaro a trois sommets, dénommés Mawenzi, Kibo et Shira.

LE MONT BLANC
Partagé entre la France et l'Italie, le mont Blanc est considéré comme le point culminant naturel de l'Europe. Avec ses 4807 m, il présente au nord un versant essentiellement neigeux faiblement escarpé, et au sud, des parois d'une belle ampleur. Certains considèrent que l'Elbrous (5642 m), ci-contre, est le plus haut sommet d'Europe, alors qu'il se trouve en Asie dans le Caucase.

L'ACONCAGUA
Avec 6960 m, l'Aconcagua est la plus haute montagne d'Amérique du Sud et le deuxième des « Sept Sommets » par l'altitude. Ce géant de forme conique se trouve dans les Andes, en Argentine, tout près de la frontière chilienne. Parce qu'il domine de très haut les vallées à ses pieds, les Incas l'appelaient la « sentinelle blanche ».

LA PYRAMIDE CARSTENSZ
Cette montagne dispute au Kosciusko le titre de plus haut sommet d'Australasie, et la plupart des alpinistes reconnaissent son ascension comme beaucoup plus valorisante. Cernée par les forêts vierges d'Irian Jaya, en Nouvelle-Guinée, c'est une crête calcaire escarpée de 4 884 m et le seul des Sept Sommets qui présente des difficultés d'escalade pure.

LE MONT VINSON
Jusqu'à une époque récente, le mont Vinson, plus haut sommet de l'Antarctique, est resté inaccessible. Ce fut le dernier sommet continental à être découvert et conquis par les alpinistes. De nos jours, il est possible de se faire transporter au pied de la montagne par un petit avion. Culminant à 4897 m, ce n'est certes pas un sommet très élevé, mais il est considéré comme l'un des plus beaux. En outre, le froid et la sécheresse extrêmes qui y règnent, ajoutés à la désolation des solitudes glacées de l'Antarctique, font de son ascension une entreprise difficile.

UNE ARCHITECTURE COMPLEXE

Vues de loin, les montagnes peuvent apparaître comme de simples formes rocheuses dépourvues de structure. En y regardant de plus près, on découvre en leur sein tout un monde de gorges et de glaciers, de contreforts et de crêtes, de cirques et de cols ; en fait, une structure très complexe résultant des actions combinées des forces tectoniques et érosives. Car à peine une masse rocheuse se soulève-t-elle au-dessus du niveau de la mer, qu'elle est attaquée par le vent, la pluie, le froid, la glace, les torrents et les rivières. Même dans les zones désertiques, les reliefs sont brisés par les forts écarts de température entre le jour et la nuit ; ceux-ci provoquent des chocs thermiques qui font éclater la roche.

DE LENTES RIVIÈRES DE GLACE
Dans les chaînes de hautes montagnes, la neige tombe et se dépose en altitude, où il fait trop froid, même en été, pour qu'elle fonde. Au fil des années, elle s'amoncelle dans les cirques et se trouve comprimée en glace. Cette glace finit par devenir si lourde qu'elle se met à s'écouler très lentement vers le bas : ainsi se forment les glaciers. A mesure qu'il se déplace, un glacier emporte des débris rocheux qui rabotent la montagne, découpant peu à peu une vallée glaciaire en forme de U.

Cirque

Crête

Glacier affluent

Moraine médiane (roches et débris)

Névé (neige comprimée)

Vallée en U découpée par le glacier

Glace en mouvement

Roche érodée par la glace

LES SÉRACS : DES BLOCS DE GLACE EN CASCADE
Les séracs, blocs souvent énormes, se forment quand un glacier franchit un dénivelé abrupt. La glace se fracture alors, et de profondes crevasses apparaissent. En outre, des blocs de glace se détachent et peuvent tomber à tout moment. Les séracs représentent donc un réel danger pour les alpinistes.

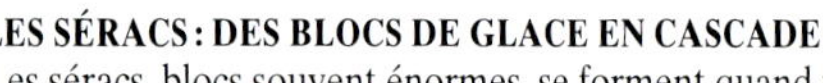

Surface lisse

Pente douce

Pente abrupte

Pente adoucie

Là où la pente est raide, la glace se disloque en blocs.

Les crevasses s'élargissent et s'approfondissent.

Les blocs de glace basculent et pivotent sur eux-mêmes.

Avec la pente qui s'adoucit, les blocs de glace disloqués se resserrent.

PIÈGES DE GLACE MORTELS
Une crevasse est une fracture dans un glacier, parfois très profonde. Sur cette illustration ancienne, on voit des grimpeurs en franchir une à l'aide d'une échelle. Les ponts de neige qui recouvrent les crevasses s'effondrent parfois sous le poids des alpinistes. Pour déjouer ces pièges mortels, ceux-ci s'encordent donc. Ils peuvent ainsi retenir une chute.

Le col sud, du mont Everest

LE COL SUD DE L'EVEREST
Un col est une dépression formant passage entre deux sommets montagneux. Photographié ici en plongée, le col sud de l'Everest est sans doute le plus fameux de tous les cols. Il évoque chez les alpinistes tout à la fois l'emplacement du dernier camp avant l'assaut final vers le plus haut sommet du monde, mais aussi un lieu hostile balayé par des vents glacials. Surfréquenté, ce col a été récemment nettoyé de tous les matériels abandonnés par les expéditions successives.

À QUOI RESSEMBLE LE SOMMET D'UNE MONTAGNE
Il peut être étroit et accidenté comme à l'Everest, en forme d'arête faîtière comme au mont Blanc, ou bien être constitué d'un vaste plateau comme au mont Aiguille (Vercors).

GORGES
Une gorge est un passage resserré entre deux parois rocheuses, généralement du à l'action érosive des matériaux charriés par un cours d'eau. Les gorges peuvent être sèches, comme celle que l'on voit ici, ou tapissées de neige et de glace. Quoi qu'il en soit, elles offrent parfois aux grimpeurs d'intéressants défis à relever (escalade rocheuse, cascades de glace).

AU-DELÀ DE LA VERTICALE
Autrefois, les parois rocheuses ou de glace étaient des obstacles réputés infranchissables. Avec les équipements et les techniques d'aujourd'hui, les alpinistes les gravissent même lorsqu'elles sont surplombantes.

LE TEMPS EN MONTAGNE

Les montagnes créent des conditions météorologiques particulières, généralement plus froides, plus ventées et plus instables que dans les plaines et les vallées. Les températures chutent avec l'altitude ; on enregistre fréquemment -70 °C au sommet de l'Everest, et les vents peuvent atteindre 320 km/h parce que l'air comprimé par les reliefs acquiert de la vitesse en les franchissant. L'essentiel du rayonnement solaire est renvoyé vers l'atmosphère par la réverbération de la neige et de la glace, et les versants nord de nombreuses montagnes restent perpétuellement dans l'ombre, ce qui les rend particulièrement froids. Une barrière montagneuse entrave le mouvement normal de l'air, qui est contraint de s'élever le long des versants. Ce faisant, il se refroidit et l'humidité qu'il contient se condense et retombe en pluie ou en neige. C'est pourquoi les versants exposés au vent sont généralement très humides et brumeux, et les versants abrités plus secs. Ainsi, les reliefs ne créent pas seulement leur propre climat, ils influent aussi sur celui des régions voisines.

DES ORAGES DANTESQUES
Les montagnes sont réputées pour les terribles orages qui s'abattent sur elles, quand l'air humide s'élève très vite et devient instable. Cristaux de glace et gouttelettes d'eau se déplacent très rapidement au sein des nuages. Ces mouvements provoquent l'accumulation d'électricité statique, laquelle se décharge brutalement sous la forme d'éclairs.

Les coupelles entraînées par l'air en mouvement font tourner l'anémomètre. Sa vitesse de rotation dépend de la force du vent.

L'air s'élève et se refroidit.

L'eau retombe en pluie ou en neige.

L'air redescend et se réchauffe.

Air chaud et humide s'écoulant vers l'est

Air devenu chaud et sec

Océan Pacifique

Montagnes Rocheuses

Plaines de l'Ouest

Le rotor aligne la girouette dans l'axe du vent.

La girouette indique la direction du vent.

« MANGEUR DE NEIGE »
Au-dessus de l'océan Pacifique, l'air chaud se charge d'humidité par évaporation. Lorsqu'il atteint la terre, il rencontre les montagnes Rocheuses. Il est alors contraint de s'élever vers des zones de pression atmosphérique plus basse, où il se détend et se refroidit. L'eau qu'il transporte à l'état de vapeur se condense donc et retombe sous la forme de pluie ou de neige sur les versants ouest. Après avoir franchi la chaîne montagneuse, l'air, maintenant dépourvu de sa charge en eau, redescend le long des versants est, se réchauffant rapidement. Ce vent chaud est appelé le chinook, ou « mangeur de neige », car il fait vite fondre le manteau blanc au sol.

MESURER LE VENT
Nombre de stations météorologiques sont installées sur des sommets montagneux, pour permettre aux chercheurs d'étudier les conditions climatiques extrêmes qui y règnent. La vitesse du vent est mesurée avec un anémomètre à coupelles tournantes, inventé en 1846. Le vent le plus fort jamais enregistré à la surface de la Terre atteignit 372 km/h sur le mont Washington, dans le New Hampshire, aux Etats-Unis, en avril 1934.

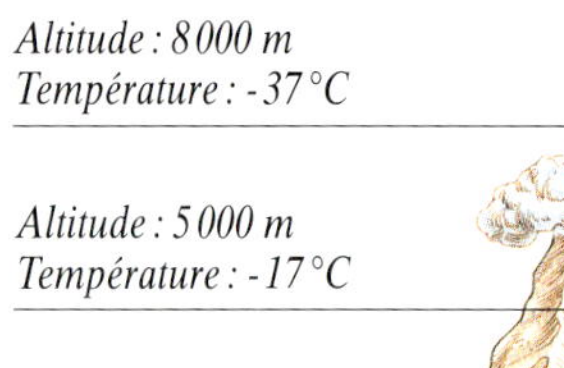

SURVIE DIFFICILE EN ALTITUDE
La température s'abaisse, ainsi que la pression atmosphérique, à mesure que l'altitude augmente. Plus les alpinistes grimpent haut, moins ils sont en mesure de lutter contre le froid, car l'apport d'oxygène dont ils ont besoin s'amoindrit. Cela les rend particulièrement sensibles aux attaques du froid, telles que les gelures et l'hypothermie.

La vitesse moyenne du vent s'inscrit sur un papier placé sur un tambour.

JET-STREAM

Le jet-stream est un courant qui circule très rapidement d'est en ouest dans la haute atmosphère, entre 7 500 et 14 000 m d'altitude. Le sommet de l'Everest, à 8 848 m, est parfois coupé par l'un de ces courrants d'air. Quand cela arrive, les alpinistes entendent un grondement assourdissant qui évoque le passage d'un train de marchandises. Ici, on voit un jet-stream sous la forme d'une « plume » de nuages accrochée à la crête déchiquetée du Nuptse, l'un des sommets du massif de l'Everest.

DANS LA TOURMENTE

Allié au froid, le vent peut devenir un réel danger pour l'alpiniste. Sa vitesse, qui tend à s'accroître avec l'altitude, peut menacer son équilibre et provoquer sa chute. Elle peut également réduire sa visibilité en faisant tourbillonner la neige et les fines particules de glace. Elle peut surtout le refroidir dangereusement.

Une corniche de neige est une masse neigeuse en forme de vague. Elle s'accumule sur une arête rocheuse, formant un surplomb qui menace de s'écrouler à tout moment.

AUX PRISES AVEC LA POUDREUSE

La neige fraîche et froide, trop inconsistante pour supporter le poids d'un homme, est appelée poudreuse. Elle est légère et floconneuse car elle emprisonne beaucoup d'air entre ses cristaux. Elle est appréciée par les skieurs, mais pas par les alpinistes car elle forme aussi d'épaisses congères sur lesquelles la progression est difficile. Une neige ferme, qui a été compactée par une fonte partielle suivie d'un regel, est idéale pour la progression en crampons.

LA VIE EN ALTITUDE : UNE AFFAIRE D'ADAPTATION

La haute montagne constitue un environnement hostile. Au-delà de 5 000 m, peu de plantes et d'animaux parviennent à survivre au climat qui y règne, marqué par un froid glacial, des vents violents et un air appauvri. À mesure que l'on descend, toutefois, la température s'élève de 0,5 °C tous les 100 m, et le paysage revient à la vie. C'est précisément parce que les conditions varient fortement avec l'altitude que, comparés à la plaine, les milieux montagnards supportent une diversité d'espèces animales et végétales beaucoup plus grande. Les différentes structures des reliefs (arêtes, glaciers, gorges, etc.) créent aussi des microclimats qui favorisent le développement de toute une variété de formes de vie.

DES INSECTES DANS LA GLACE
Grylloblatta campodeiformis, un insecte cousin des grillons et sauterelles, est un spécialiste de la haute altitude. Vivant sur les champs de neige et les glaciers, il meurt lorsque la température s'élève au-dessus de 10 °C. Il se nourrit des rares parcelles de matière organique présentes en altitude et grandit lentement, mettant sept années pour compléter le cycle d'une génération.

L'envergure du condor des Andes peut atteindre 3 m.

DE HAUT VOL
Le condor des Andes fait son nid à plus de 3 000 m, hors de portée des prédateurs potentiels, dans la cordillère sud-américaine à laquelle il doit une partie de son nom. Avec un poids d'environ 10 kg, c'est l'un des plus grands et des plus lourds oiseaux volants du monde. Il peut planer jusqu'à 8 000 m, flirtant avec l'altitude de croisière des avions de ligne.

L'ÉTAGEMENT VERTICAL DE LA VÉGÉTATION ALPINE
Dans les montagnes de l'hémisphère Nord, depuis les tropiques jusqu'au cercle arctique, les différents niveaux d'altitude créent un étagement de milieux distincts. L'étage nival est celui des glaces et des neiges éternelles qui couvrent les sommets. L'étage alpin lui succède. On y trouve d'abord une zone de végétation évoquant la toundra, où abondent les lichens résistants. Plus bas apparaissent les alpages, pelouses alpines couvertes de graminées, de joncs, de carex et de plantes à fleurs résistantes au froid. Puis vient l'étage subalpin. La « zone de combat », à végétation arbustive rabougrie, est une zone de transition avec la forêt subalpine, essentiellement composée de conifères. En dessous se succèdent les étages montagnard, puis collinéen, qui descendent vers la plaine.

Les conifères ont des feuilles étroites et cireuses qui les aident à retenir l'eau.

L'eau de fonte des neiges et des glaces irrigue les prairies au printemps.

LA LIMITE SUPÉRIEURE DES ARBRES
Sur une montagne, les arbres ne peuvent survivre au-dessus d'une certaine altitude. Plus la montagne est proche de l'équateur, plus cette limite est élevée car le climat est plus chaud. Toutefois, certains arbres abrités dans des gorges, par exemple, parviennent à pousser plus haut.

ACROBATES
Les chamois vivent sur les pentes rocheuses, généralement au-dessus de la limite supérieure des arbres, se nourrissant de mousses, de lichens et de feuillages d'arbres rabougris. Ils survivent dans ces milieux parce que ce sont des animaux agiles, au pied sûr, capables d'effectuer des bonds de plus de 3 m. En outre, à de telles altitudes, ils ont peu de prédateurs.

Fourrure extrêmement épaisse

Des coussinets élastiques sous les sabots assurent une bonne adhérence.

Lichens en feuilles

Plusieurs types de lichens peuvent se développer sur un même morceau d'écorce ou de roche.

ACCROCHÉS À LA VIE
Sur les premières pentes au-dessus de la limite des arbres, surfaces de roche et écorces d'arbres sont couvertes de lichens. Bien qu'ayant l'apparence de plantes, ces lichens sont en fait le résultat d'une association (une symbiose) entre une algue et un champignon. Ils trouvent dans l'atmosphère les éléments dont ils ont besoin pour se développer. C'est pourquoi ils sont extrêmement sensibles à la pollution. L'air pur des régions montagneuses leur offre un environnement idéal.

La toundra se rencontre au-dessus des pelouses alpines.

Sur une arête, l'ensoleillement et l'aérologie ne sont pas les mêmes que dans une gorge abritée.

Peu d'êtres vivants parviennent à survivre là où la couverture de neige et de glace est permanente.

Au printemps, l'abondance des fleurs attire des insectes dont le cycle de vie est court.

L'épaisse toison du yack est adaptée au grand froid des plateaux tibétains.

UNE FAUNE ET UNE FLORE ADAPTÉES

Les montagnes sont comme des îles cernées par des océans de plaines. Les espèces vivantes qui peuplent leurs étages les plus élevés peuvent difficilement coloniser d'autres reliefs, car il leur faudrait franchir les terres basses hostiles. Elles constituent donc une communauté vivante, un isolat de populations intimement liées à leur milieu. Cet isolement favorise une évolution relativement rapide. De fait, les montagnes abritent nombre de plantes et d'animaux rares, voire uniques et spécialisés. Ainsi, la panthère des neiges, qui vit jusqu'à 6000 m d'altitude dans l'Himalaya, est-elle bien adaptée à la chasse dans la neige : ses pattes sont constituées de telle sorte qu'elles lui permettent d'effectuer des bonds de 15 m. Le yack, également présent dans l'Himalaya, respire plus lentement que les bovins des plaines, ses cousins, et possède davantage de globules rouges pour mieux fixer l'oxygène dont l'air montagnard est pauvre.

Les rémiges primaires s'écartent comme des doigts au bout des ailes.

LES DERNIERS GORILLES
Pouvant atteindre 1,80 m de haut et peser plus de 180 kg, le gorille de montagne est un paisible végétarien à l'humeur plutôt réservée. Il vit en groupes familiaux très unis, conduits par un mâle adulte appelé « dos argenté » à cause des poils gris qui couvrent son échine. La spectaculaire chaîne volcanique qui se déroule entre la république démocratique du Congo, l'Ouganda et le Rwanda, reculée et difficile d'accès, constitue l'ultime refuge de cet animal. Malgré cela, le gorille de montagne est menacé par le braconnage et la destruction de son habitat. Il n'en subsiste plus que 630 individus à l'état sauvage.

Présence d'un V distinctif sur le poitrail

QUAND LE GARDE-MANGER EST GARNI
Les activités humaines menacent l'ours à collier, qui vit sur les pentes forestières de l'Himalaya entre 1200 et 3600 m d'altitude. L'hiver, il descend dans les vallées pour prélever sa nourriture sur les troupeaux de moutons, de chèvres ou de bovins, ce qui lui vaut naturellement des représailles.

PRÉDATEURS DES AIRS
Les rapaces peuvent planer très haut au-dessus des pentes en utilisant les courants d'air chauds ascendants. Grâce à leur vue extrêmement acérée, ils sont capables de détecter d'infimes mouvements de leurs proies au sol. Ils se nourrissent également des carcasses d'animaux tombés dans les ravins. L'aigle de Verreaux, que l'on voit ici, chasse dans les monts rocheux d'Afrique et du Moyen-Orient, s'attaquant essentiellement aux damans et autres petits animaux.

Les ailes sont mues par de puissants muscles situés dans le poitrail.

Des algues rouges croissent et se reproduisent dans les glaciers.

LA VIE AU FRAIS
Certaines plantes sont capables de survivre dans le plus extrême des milieux montagnards : celui des glaciers. Des algues rouges se reproduisent au sein même de la glace. Leur pigment leur permet de convertir la lumière en chaleur et de filtrer les rayonnements dangereux du soleil.

Les pattes du lagopède alpin sont protégées du froid par un plumage épais.

CONFONDRE AVEC LA NEIGE
Si de nombreux oiseaux migrent vers des climats plus chauds à l'approche de l'hiver, le lagopède alpin, quant à lui, reste toute l'année dans ses montagnes. Pendant la saison des neiges, le plumage de son corps vire du gris ou brun au blanc pur, afin de se fondre dans le décor.

Thym

COUSSINS VÉGÉTAUX CONTRE LE FROID
Afin de réduire l'emprise du gel en haute altitude, les plantes alpines poussent généralement en coussins bas et denses. Des poils fins présents sur leurs feuilles retiennent l'humidité et la chaleur et contribuent à protéger les tissus vivants du rayonnement solaire.

LE LYNX AGILE
Le lynx boréal est particulièrement bien adapté à la vie nocturne dans les milieux montagnards. Sa fourrure dense et souple lui offre une bonne isolation contre le froid, et ses grosses pattes, couvertes de poils épais durant l'hiver, font office de raquettes, l'empêchant de trop s'enfoncer dans la neige. C'est également un agile grimpeur et un bon nageur.

Lynx boréal

Un puma adulte peut atteindre 3 m de la tête à l'extrémité de la queue, et peser 100 kg.

Le cri du puma est semblable au miaulement du chat, mais beaucoup plus fort !

COMME UN LION DANS LES MONTAGNES
Le puma, également appelé couguar ou lion des montagnes par les Américains, occupe les reliefs et les zones sauvages depuis la Colombie-Britannique, au Canada, jusqu'à la Patagonie, en Amérique du Sud. Il se dissimule dans les milieux rocheux, bien camouflé par son pelage brun clair. Il peut tuer des proies aussi grosses que des cerfs et parfois même s'attaquer à l'homme.

CHAPEAU GURKHA
Historiquement, les soldats gurkha du Népal servent dans les armées indienne et britannique. Ils sont réputés dans le monde entier pour leur force et leur courage. Beaucoup reviennent au pays après leur service à l'étranger pour devenir maîtres d'école ou diriger des communautés locales.

L'HIMALAYA : UNE MOSAÏQUE DE PEUPLES

L'Himalaya, dont le nom, dérivé de l'ancien sanskrit, signifie « demeure des neiges », s'étend sur 2 800 km d'est en ouest, pour l'essentiel en Inde, au Népal, au Bhoutan et au Tibet (aujourd'hui annexé par la Chine), avec également des contreforts en Chine et au Pakistan. Les peuples qui habitent ce vaste territoire sont très divers. Certains descendent de groupes européens, venus de l'ouest, d'autres d'Indiens du Sud, ou encore de tribus asiatiques du Nord et de l'Est. Ils ont en commun le défi permanent que représente la vie dans la plus haute chaîne montagneuse du monde ; un défi qu'ils relèvent avec un succès grandissant depuis les années 1940. De fait, l'accroissement des populations, qui entraîne une forte pression sur les fragiles milieux montagnards, pose aujourd'hui, en Himalaya, des problèmes écologiques.

La plupart des habitants du Bhoutan ont un régime alimentaire simple et sain, comportant des pommes de terre, du riz et des piments.

UNE FAMILLE BHOUTANAISE
Le royaume du Bhoutan se situe sur la bordure est de l'Himalaya. La majorité de ses habitants descend de Tibétains qui s'installèrent dans la région vers les IXe et Xe siècles. La plupart sont de fervents bouddhistes, et leur langue, le dzongkha, est très similaire à celle qui est parlée au Tibet. Les Népalais, immigrants récents, constituent aujourd'hui, au sein de la population du Bhoutan, une forte minorité.

Tissage fin et joaillerie tiennent une bonne place au sein de l'artisanat bhoutanais.

LA CAPITALE DES SHERPAS
Namche Bazaar est la ville principale du Solu Khumbu, la région qui entoure le mont Everest, où vivent la majorité des Sherpas. Construit dans un amphithéâtre naturel à 3 440 m d'altitude et entouré de hautes collines, Namche Bazaar ne connaît pas l'automobile. La seule façon d'y accéder et d'y circuler, c'est à pied (ou à dos de yack). Pourtant, on y trouve des boutiques, des restaurants, une boulangerie, des hôtels avec douches chaudes, et même une banque. Un marché très coloré s'y tient tous les samedis.

LE CUSTOM FAÇON ASIATIQUE
Camions et bus décorés ne manquent pas dans toute l'Inde et l'Himalaya. Des routes pénètrent au sein de la grande chaîne montagneuse depuis le nord et le sud, mais elles nécessitent un entretien constant à cause des dommages causés chaque année par les torrentielles pluies de mousson. La nature très accidentée du terrain rend les transports par le rail quasi impossibles. A Katmandou (capitale du Népal), il existe toutefois un tramway aérien électrique pour véhiculer les marchandises.

SUR DES AIRS DE « SARANGI »
Au Népal et dans le nord de l'Inde, la musique traditionnelle est marquée par les sonorités délicieuses et tremblotantes d'instruments comme le *sarangi*. Instruments à cordes, à vent et percussions sont associés dans les célébrations tant religieuses que laïques.

Le manche ne porte pas de frettes. Onze cordes sont tendues sous la table. Elles vibrent en harmonie avec les quatre principales, afin de produire un son plus complexe.

Le manche et la caisse de l'instrument sont sculptés dans une seule pièce de bois.

Trois des quatre cordes principales sont en boyau, la quatrième est en métal.

Le sarangi *est tenu verticalement et se joue à l'aide d'un archer.*

LES DIVINITÉS DANS LES RUES
Des fêtes très colorées ont lieu par dizaines, chaque année, dans la vallée de Katmandou, au Népal. Celle que l'on voit ici, nommée Bisket Jatra, se déroule en avril dans le vieux royaume de Bhaktapour. Des images de dieux et de démons sont disposées sur des chars géants tractés dans toute la ville. Partout où ils s'arrêtent, les gens font des offrandes d'argent, de fleurs et même de sang à leurs divinités.

COUTUMES ET RELIGIONS DE L'HIMALAYA : AU CARREFOUR DES INFLUENCES ASIATIQUES

Coincés entre les nations géantes que sont la Chine et l'Inde, les peuples de l'Himalaya ont développé des cultures où se mêlent des influences multiples. Le Népal, par exemple, est officiellement hindouiste, mais la religion la plus pratiquée dans ce pays emprunte une part de ses croyances au bouddhisme et de ses dieux au tantrisme.

De nombreux sadhus se rasent la tête ou bien laissent leurs cheveux pousser très longs en signe de dévotion au dieu Shiva.

Des marques sur le front indiquent la secte à laquelle appartient le sadhu.

Les guirlandes de perles symbolisent les éléments de la création.

LES CHEMINS DE L'ILLUMINATION

Pour les Hindous, l'illumination spirituelle est le but ultime de toute vie. Les sadhus, ou saints hommes, renoncent au monde pour se consacrer à la quête de la Réalité Suprême. Ils coupent tout lien avec leur famille, n'ont ni biens ni maison, portent très peu de vêtements, voire aucun, et se nourrissent d'aliments simples. Ils se débrouillent généralement seuls pour vivre et passent leur temps en dévotions à la divinité qu'ils ont choisie. Les sadhus pratiquent également des rituels magiques ainsi que le yoga, ou bien jouent de la musique pour entrer en contact avec les dieux.

ÇIVA, FAISEUR ET DÉFAISEUR DE MONDES

Les Hindous ont des dieux très nombreux, qu'ils considèrent tous comme divers aspects d'une même divinité. Chacun de ces dieux possède des caractères particuliers en rapport avec ses pouvoirs. L'un porte une arme, l'autre peut posséder des paires de bras supplémentaires ou présenter des formes animales. Généralement, les Hindous révèrent un seul dieu, qu'ils considèrent comme leur favori. L'un des plus importants est Çiva, dieu de la création et de la destruction. On en voit ici une statue recouverte de pigments et de cendres, symbolisant la mort et la régénération.

COULEURS DE SAINTETÉ

Durant la fête hindoue de Holi, qui a lieu au printemps, on célèbre le dieu Krishna et son compagnon bien-aimé Radha. Les adorateurs se couvrent de *gulal*, des peintures en poudre très colorées à base de pigments végétaux, et allument des feux pour débarrasser l'air des mauvais esprits.

La flèche est constituée de treize marches, représentant les treize étapes du voyage vers le nirvana.

UN MONUMENT CONSACRÉ
Un stupa est une construction hémisphérique qui « résume » les croyances bouddhiques. Celui de Bodhnath, à Katmandou, au Népal, qui est l'un des plus grands du monde, en est une parfaite illustration. La base du stupa a la forme d'un mandala (mot sanskrit signifiant « cercle »), qui symbolise la terre. Il est surmonté d'un dôme, représentant l'eau. Puis viennent la flèche, symbolisant le feu, et le pinacle, symbole de l'éther céleste. Depuis la base de la flèche, les yeux toujours attentifs de Bouddha regardent dans les quatre directions.

Vairochana, « Semblable au soleil », accomplissement de la connaissance

Amitabha, « Compassion Infinie », accomplissement de la parole

LES CINQ BOUDDHAS
Cette coiffe appartenant à un lama (prêtre) tibétain représente les bouddhas de la méditation qui, selon la croyance, vivent dans les mondes célestes. Chacun personnifie un aspect de l'« Etre divin » qui accueille l'esprit d'une personne venant de mourir. La manière dont l'esprit réagit traduit son degré d'illumination et détermine sous quelle forme le mort sera réincarné.

Vajrasattva, « l'Immuable », accomplissement de la sagesse

Amoghasiddhi, « le Tout-Puissant Conquérant », accomplissement de l'action

Ratnasambhava, « le Faiseur de Beauté », accomplissement de la bonté et de la beauté

Le tambour et la cloche sont des instruments de dévotion.

Robe safran traditionnelle des moines bouddhistes

Coiffe de chaman tibétain

SORCELLERIE : DE TRÈS VIEILLES CROYANCES
Quelques peuples croient également au chamanisme, mais ils sont une minorité dans l'Himalaya. Le chaman est tout à la fois prêtre, sorcier et médecin. On lui attribue des pouvoirs de guérisseur et de guide piritual lorsqu'il est en transe. La croyance veut que, durant la transe, le chaman quitte son corps pour pénétrer dans le monde des esprits, d'où il peut revenir grâce à la sagesse divine.

LE RENONCEMENT
Les moines bouddhistes de l'Himalaya ont une morale et une règle de vie strictes. Ils vivent traditionnellement comme des mendiants errants, sauf pendant les trois mois que dure la saison des pluies.

LES PEUPLES DES MONTAGNES D'EUROPE

L'Europe est parcourue en tous sens par des chaînes montagneuses, certaines très anciennes et usées par le temps, d'autres encore en formation. La partie sud du continent est barrée par une longue ceinture de montagnes jeunes, courant depuis la sierra Nevada, en Espagne, jusqu'au mont Balkan, en Bulgarie. C'est dans ces reliefs que se trouvent les plus hauts sommets de l'Europe, qui compte aussi quelques volcans en activité. Certaines de ces régions se sont ouvertes au tourisme. Mais dans les pays les plus pauvres, le mode de vie de bon nombre de populations montagnardes n'a guère évolué depuis des siècles.

LES RÉCOLTES À L'ABRI
Les *espigueiros*, greniers traditionnels en pierre et en bois, sont encore utilisés dans certaines régions montagneuses du Portugal. Leur structure a peu changé depuis le XVIIIe siècle. Bâtis sur pilotis, ils conservent le grain dans de bonnes conditions d'humidité et hors de portée des rongeurs.

VOLCANS PRODIGUES
Avec ses quelque 3345 m, l'Etna, en Sicile, est le plus grand volcan actif d'Europe. En dépit des risques d'éruption, des populations agricoles occupent ses basses pentes fertiles, cultivant la vigne, l'olivier et le citronnier.

DE HAUTES QUÊTES
Au cours des XVIIIe et XIXe siècles, nombre de botanistes amateurs parcoururent les régions montagneuses d'Europe pour y collecter de nouveaux spécimens de plantes. Rapportées avec maintes précautions, elles leurs servaient souvent à recréer chez eux des jardins de plantes alpines.

Fermier suisse en costume traditionnel

LE PARADIS DES BOTANISTES
La beauté et l'abondance des fleurs alpines attirent de nombreux visiteurs dans les montagnes d'Europe. Pendant la courte saison estivale, certains naturalistes amateurs parcourent des centaines de kilomètres de prairies montagnardes pour les admirer. Ils étudient aussi les espèces spécialisées qui croissent aux altitudes plus élevées, dans les alpages.

L'ARGENT DU BEURRE
Pour certaines populations montagnardes, la production de lait, de beurre, de fromages et de yaourts constitue une source de revenus importante. Dans les Alpes suisses, le lait est fourni par les vaches, tandis que, dans les régions montagneuses du sud de l'Europe, les animaux producteurs sont plutôt les chèvres et les moutons.

DES TRANSPORTS DIFFICILES
Parmi les chaînes de montagnes les plus spectaculaires d'Europe figurent celles de Scandinavie. Bordant les fjords norvégiens, de vertigineuses falaises s'élèvent presque verticalement de plusieurs centaines de mètres au-dessus de la mer. Plus de la moitié du territoire de la Norvège est montagneuse, ce qui rend difficile les déplacements sur de longues distances. Durant les mois d'hiver, les chutes de neige y sont très abondantes ; les routes deviennent impraticables, et les voies ferrées peuvent être fermées. C'est pourquoi les ferrys ont un rôle essentiel dans le transport de passagers, et les industries marines une importance majeure.

Un fjord norvégien cerné de montagnes et de pics rocheux

RICHES OFFRANDES
Les Incas étaient réputés pour leur maîtrise du travail des métaux comme l'or, l'argent, le cuivre et le platine. Des figurines, comme celle-ci, ont été retrouvées parmi leurs offrandes aux dieux.

LES SEIGNEURS DES ANDES

Les Incas constituèrent l'une des civilisations montagnardes les mieux organisées. Couvrant près de 4 000 km depuis la frontière nord de l'actuel Équateur jusqu'au centre du Chili, la civilisation inca étendait son emprise sur plus de 12 millions de personnes entre la côte pacifique et les hauts plateaux andins. Jusque vers 1438, pourtant, les Incas n'étaient que l'un des groupes humains vivant dans le sud des Andes. Par la suite, conduits par leur gouverneur Pachacuti, ils entreprirent la conquête des terres et des peuples qui les entouraient, élargissant leur territoire vers le nord, le sud et l'ouest. À son apogée, la civilisation inca était une société hautement développée. Mais son rayonnement devait être de courte durée. En 1532, une petite armée espagnole menée par un conquistador du nom de Francisco Pizarro envahit l'Empire inca, tua ses dirigeants et prit possession des terres, faisant main basse sur d'énormes quantités d'or au profit de l'Espagne.

Vase inca en bois représentant Francisco Pizarro, conquérant du Pérou

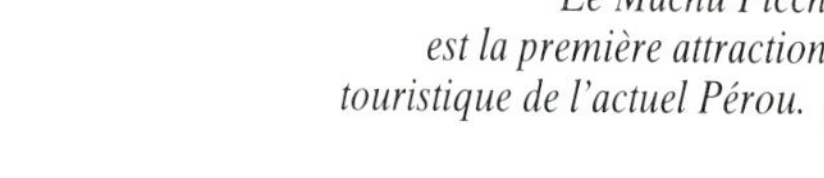

DE RAYONNANTS PRÉCURSEURS
Du Ier au VIIIe siècle, la civilisation moche domina la région des Andes. Ce peuple construisit de grandes cités et développa un système d'irrigation par canaux qui transportaient l'eau venue des sommets des montagnes jusqu'à leurs champs de maïs et de haricots. Ils étaient également d'adroits artisans, produisant des pièces de poterie et des bijoux superbes.

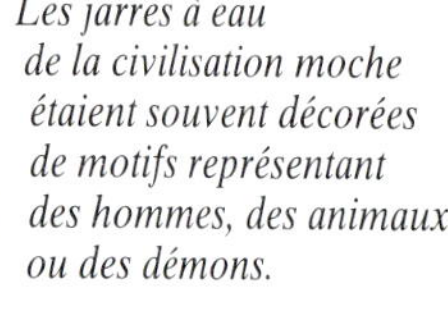

Les jarres à eau de la civilisation moche étaient souvent décorées de motifs représentant des hommes, des animaux ou des démons.

Le type physique des peuples andins se caractérisait par une petite taille, des cheveux noirs et raides, des pommettes saillantes et une peau brune.

Le Machu Picchu est la première attraction touristique de l'actuel Pérou.

LE MACHU PICCHU
Stratégiquement installée aux confins de l'empire, la cité du Machu Picchu est un étonnant exemple de l'architecture inca : une forteresse naturelle gardée par des pentes abruptes et où l'on ne pénètre que par un seul accès. Sur les 143 édifices de granit qui la composaient, environ la moitié étaient des maisons d'habitation, le reste étant des temples et autres lieux de culte.

DES BERGERS D'ALTITUDE
En Amérique latine, les lamas sont prisés depuis des siècles comme animaux de bât et de troupeau. Ils fournissent de la viande, de la laine et de la peau. Leurs excréments séchés servent de combustible. Cousins des dromadaires, ce sont des bêtes robustes capables de tenir longtemps sans boire. Ils sont ainsi de parfaits sujets d'élevage dans les paysages arides et accidentés des Andes.

LA CULTURE INCA

Bien que les Incas n'aient laissé aucun document écrit, on a beaucoup appris sur leur mode de vie en examinant leur architecture, leurs poteries et leurs vêtements. Ils croyaient qu'après la mort, l'être humain continuait de vivre dans un autre monde. C'est pourquoi les Incas enterraient leurs morts avec bon nombre de leurs biens. Ceux-ci se sont bien conservés dans les tombeaux à l'atmosphère très sèche des milieux désertiques, en particulier les textiles colorés faits de fibres de coton et de maguey (agave) ; autant d'éléments riches d'enseignements pour les ethnologues.

Attaches en laine tressée

CHAUSSÉS DE PEAU OU DE LAINE
Les Incas fabriquaient des sandales en cuir de lamas. Dans d'autres régions, ils utilisaient de la laine ou encore, comme ci-dessus, des fibres d'aloès.

UN MÉTIER À TISSER DEBOUT
Le plus commun des modèles de métiers à tisser utilisés jadis dans les Amériques était constitué de deux barres, l'une accrochée à un support tel qu'un poteau ou un arbre, l'autre fixée à la taille du tisserand au moyen d'une ceinture. Les fils verticaux, dits de chaîne, étaient maintenus tendus entre les deux barres. Les fils de trame, horizontaux, étaient passés entre les fils de chaîne au moyen d'une lice.

Barre attachée à un arbre ou un poteau

Les longs fils tendus entre les barres du métier sont appelés fils de chaîne.

Barre servant à tasser les fils de trame

Encroix servant à écarter un fil de chaîne sur deux

Lice, manipulée de la main gauche

Les fils de trame sont entrelacés avec les fils de chaîne, passant dessus et dessous alternativement.

Barre inférieure

Ceinture attachée autour de la taille du tisserand

ACCESSOIRE MASCULIN
Sous leur manteau, les hommes incas portaient à l'épaule un petit sac contenant sans doute des feuilles de coca à mastiquer et des amulettes.

LA TÊTE COUVERTE
Les Andins portaient généralement des bonnets en tricot de laine ou de coton. Cet élégant couvre-chef de la région côtière de Chimu a la particularité d'être en coton tissé, et non tricoté.

L'ASTRE TOUT-PUISSANT
Le plus important des dieux incas était Inti, le Soleil, à qui l'on adressait des offrandes dans l'espoir d'avoir de bonnes récoltes. L'astre du jour était considéré comme un symbole de prestige et de puissance, et les rois incas croyaient en être les descendants.

SACRIFICES POUR LA VIE
Les Moches vécurent au pied des Andes des siècles avant les Incas. Comme ces derniers, ils pratiquaient des sacrifices humains pour apaiser les dieux de la pluie et des récoltes. Cette poterie moche montre un groupe d'hommes assis sur les sommets des montagnes, considérés comme des lieux sacrés.

VISION D'AU-DELÀ
Les peuples andins momifiaient les corps des morts en les enveloppant de cordes pour les maintenir en position assise. Les momies étaient traitées avec autant d'égards que des êtres vivants.

Représentation d'un dieu aux bras écartés

LA SAGESSE DE LA MOMIE
Les momies étaient habillées de parures de laine ornées, et l'on déposait autour d'elles des denrées qui, pensait-on, leur seraient utiles dans l'au-delà. Elles étaient fréquemment consultées par les vivants sur les questions importantes.

COUTEAU ANDIN
Les couteaux, de formes diverses et à lame en métal, étaient appelés *tumi*. Ce *tumi* péruvien est en cuivre, avec une poignée en os.

Manche en forme de tête d'animal

CASSEROLE ANTIQUE
Cet ustensile de cuisine a été découvert dans une tombe péruvienne ancienne. Il s'agit d'une version élaborée et très décorée du modèle qui était utilisé dans toute la région andine pour les besoins de la cuisine quotidienne.

Deux montants horizontaux liés par de la ficelle maintiennent les tubes assemblés.

DES SONS AÉRIENS
Instrument de musique commun dans les Andes, la syrinx, ou flûte de Pan, est composée de tubes de différentes longueurs, généralement en roseau ou en terre cuite. En soufflant dans l'ouverture pour faire vibrer la colonne d'air à l'intérieur, on peut en tirer des sons délicats. Cette syrinx inca a été fabriquée en tuyaux de plumes de condor, un rapace des Andes.

LES TRIBUS DES MONTAGNES D'AMÉRIQUE DU NORD

Les hauts sommets d'Amérique du Nord, qui dépassent 4000 m, se situent dans les montagnes Rocheuses. Cette chaîne de formation récente s'étend à travers tout le continent, depuis la Colombie-Britannique, au Canada, jusqu'au Nouveau-Mexique, vers le sud. La belle saison y est courte et les hivers rudes, la température pouvant tomber à -34 °C, ce qui rend une grande partie de ces reliefs impraticable. Les premiers hommes qui les traversèrent étaient des Indiens nord-américains migrant par les cols. Les pionniers blancs arrivèrent plus tard : trappeurs chassant pour la fourrure et prospecteurs à la recherche d'or et autres minéraux. Ils faisaient du commerce avec les tribus autochtones et fabriquaient des objets à partir des matières premières locales.

Membres de la tribu thompson, 1925

LES PREMIERS OCCUPANTS

Des groupes d'Indiens d'Amérique du Nord habitent les montagnes Rocheuses depuis des millénaires. L'invasion de la région par les Européens et les conflits qui en découlèrent conduisirent à la migration en masse de certaines tribus. Beaucoup d'Indiens vivent aujourd'hui dans des réserves situées dans des régions montagneuses.

Chemise de guerrier pied noir du XIXe siècle

Arc et flèches d'entraînement utilisés par un jeune homme de la tribu thompson

Flèche de bois

Symboles peints

L'APPEL DE LA NATURE

Ces dernières décennies, les montagnes Rocheuses ont attiré de nombreux visiteurs. Les magnifiques paysages autour de villes comme Aspen, dans le Colorado (ci-dessus), offrent aux touristes de nombreux attraits : vastes réserves naturelles à parcourir en été, pistes de ski durant les mois d'hiver. On peut y goûter les joies de la randonnée sauvage, de la pêche en rivière, des bains dans les sources chaudes, etc. La construction de grandes routes à travers les cols a rendu plus accessibles des secteurs comme ceux des grands parcs nationaux et autres zones protégées.

Des plumes ornent l'arc fait en corne de chèvre des Rocheuses.

SUR LES TERRAINS DE CHASSE DU GRAND ESPRIT

Avant l'arrivée des premiers colons blancs, les pentes des montagnes offraient aux Amérindiens des terrains giboyeux. Les hommes avaient la charge de la chasse et de la fabrication des armes, tandis que les femmes assuraient la cueillette des plantes sauvages. Les meilleurs arcs étaient faits dans la corne de la chèvre des Rocheuses. Leur longue portée et leur grande précision en firent des objets très prisés.

LE PONY EXPRESS
D'avril 1860 à octobre 1861, le Pony Express assura le transport du courrier entre Saint Joseph, dans le Missouri, et Sacramento, en Californie. La route s'étirait sur 2900 km. Pour la couvrir, il fallait environ dix jours aux cavaliers, qui changeaient de monture jusqu'à huit fois par trajet.

COSTUMES TRADITIONNELS
La tradition vestimentaire des Indiens d'Amérique du Nord est vieille de plusieurs siècles. La tribu des Pieds Noirs, par exemple, fabriquait des chemises richement décorées que les guerriers portaient lors des cérémonies importantes. Certaines étaient faites de peau et ornées de peintures, de perles de verre, de plumes et même de cheveux. Les costumes rituels les plus coûteux pouvaient valoir le prix de trente chevaux.

Le monument Donner

LA CARAVANE DONNER
Le monument Donner, dans la Sierra Nevada, en Californie, commémore la tragédie survenue en 1846-1847 à un groupe de colons blancs. Conduits par George et Jacob Donner, les pionniers devaient rallier la vallée de Sacramento. Ils furent surpris et stoppés dans les montagnes par le blizzard. Leur réserve de nourriture s'épuisa, et près de la moitié du groupe mourut avant l'arrivée des secours.

L'APPÂT DU GAIN
L'or n'est que l'un des nombreux minéraux qui ont été extraits des montagnes d'Amérique du Nord, mais c'est celui qui a le plus enflammé les imaginations. Durant les années 1890, les prospecteurs, obsédés par la recherche du métal précieux, furent confrontés au froid rigoureux des Rocheuses.

Une belle pépite d'or

Frange en cheveux humains

Un hôtel à Dawson City, dans la région du Klondike, en 1898

LA RUÉE VERS L'OR
Lorsqu'en 1898, les premiers prospecteurs découvrirent de l'or en quantité dans le Bonanza Creek, un affluent de la rivière Klondike situé sur le territoire du Yukon, dans le nord-ouest du Canada, des milliers d'hommes s'y précipitèrent dans l'espoir de faire fortune. Mais la fièvre de la grande ruée vers l'or fut de courte durée. Vers 1900, la plupart étaient repartis bredouilles.

DIEUX, MYTHES ET LÉGENDES DES MONTAGNES

Les montagnes sont des lieux chargés de mystère. Leurs sommets, éloignés du confort des vallées et souvent perdus dans les nuages, ont, de tous temps, suscité une fascination mêlée de crainte. Cela s'est traduit, dans le monde entier, par d'innombrables histoires de dieux, d'êtres mythiques et autres bêtes étranges supposées hanter les cimes. La plupart sont, bien sûr, de simples légendes fantastiques, ou des phénomènes qui ont aujourd'hui une explication scientifique. Mais il en est quelques-unes, telle l'histoire du yeti (l'« abominable homme des neiges », un humanoïde qui aurait été vu dans les montagnes du Népal et du Tibet), dont l'existence n'a encore jamais été ni prouvée ni réfutée de façon certaine.

Dragon chinois à cinq griffes

LE DRAGON CHINOIS
Dans la mythologie chinoise, on dit que les montagnes se forment là où les dragons s'enroulent sous la terre. En Chine, le dragon est le symbole suprême de la bonne fortune, alors que, dans les mythologies occidentales, il incarne plutôt le mal et le chaos. Les mythes celtes et européens situent souvent les tanières des dragons en hauteur, dans les montagnes.

Le bélier apparaît dans la mythologie du Tibet.

Le mont Fuji est devenu l'emblème du Japon.

UN LIEU DE PÈLERINAGE
Au Japon, le mont Fuji est une montagne sacrée haute de 3 776 m dont l'ascension est une tradition ancienne de la religion shintoïste. Jadis, les pèlerins portaient des robes blanches. De nos jours, plus de 100 000 personnes effectuent chaque année l'ascension, essentiellement durant les mois de juillet et d'août.

Reconstitution du temple aztèque de Teotihuacán

Sculpture en pierre de Tlaloc, dieu aztèque de la pluie

DU SANG HUMAIN POUR LE DIEU DE LA PLUIE
Les Aztèques croyaient que le dieu Tlaloc décidait de la fertilité des terres. Il était responsable tout à la fois des bonnes averses qui irriguaient leurs récoltes et des tempêtes dévastatrices. Il n'est pas surprenant que Tlaloc fût associé aux sommets des montagnes, là où s'amassent les nuages. Durant la fête qui lui était dédiée, de jeunes enfants étaient sacrifiés sur les cimes pour apaiser le dieu Tlaloc.

Les crânes sculptés concourent à la dramatisation de la danse du chaman.

La mythologie grecque dit que Zeus naquit et grandit sur le mont Ida, en Crète.

LA RÉSIDENCE DES DIEUX
Beaucoup de cultures anciennes considéraient les montagnes comme les lieux où la Terre rencontre le Ciel. Selon d'autres croyances, les montagnes constituaient l'axe central du monde, les piliers du Ciel, ou bien les sources de l'eau dispensatrice de vie, les rivières descendant souvent des reliefs. Les dieux naissaient et vivaient sur leurs sommets. Ainsi Zeus, le maître des dieux de la Grèce antique, choisit-il le mont Olympe (le point culminant du monde dans la mythologie grecque) comme résidence pour lui-même et pour les nouveaux dieux, les Olympiens.

LES SOMMETS DE L'ESPÉRANCE
L'Ancien Testament rapporte qu'au terme du déluge, l'arche de Noé s'échoua sur le mont Ararat. Dans cette histoire biblique, la montagne symbolise le salut. Des histoires similaires d'inondations suivies d'espérance et de renouveau apparaissent également dans différentes cultures dans le monde.

Les masques tibétains peuvent représenter des dieux, des démons ou même la mort.

DANSES DES MONTAGNES TIBÉTAINES
Dans l'Himalaya, les chamans dansent en portant des masques de bois vivement colorés. Cela est censé leur conférer les attributs du dieu ou de l'animal que le masque représente. De cette manière, ils peuvent influer sur le déroulement d'événements naturels et repousser les mauvais esprits. Les danses, qui ont lieu lors de fêtes ou bien lors de mauvaise fortune, s'effectuent à un rythme lent, marqué par des percussions aux sons graves.

Le mont Ararat (ou mont Agri) se situe à la frontière entre la Turquie et l'Iran.

DE LA DIFFICULTÉ DE CONSTRUIRE EN MONTAGNE

L'idéal, pour bâtir une habitation, est de disposer d'un terrain plat facile d'accès et d'un climat doux. La montagne offre souvent tout l'inverse et pose, en matière de construction, de nombreuses difficultés pratiques. Au cours du temps, les générations successives de montagnards ont résolu ces problèmes en créant de véritables styles architecturaux. Ainsi, les chalets alpins ont-ils de longs toits débordant largement afin d'éviter que la neige ne s'amasse contre les murs. Dans les hautes montagnes, les arbres sont rares ; c'est pourquoi les murs sont en pierre. Épais et dotés de petites ouvertures, ils permettent de mieux conserver la chaleur durant les rudes hivers. Certaines habitations présentent de robustes toits plats où la neige peut s'accumuler pour fournir une isolation supplémentaire.

LES MAÎTRES DE LA PIERRE
Les Incas furent les premiers grands bâtisseurs d'Amérique du Sud. Ils construisirent des cités entières sur des terrains très accidentés et sont renommés pour leurs sculptures. Avec pour seuls moyens des marteaux de pierre et du sable humide, ils taillèrent des blocs de granit afin de les assembler si parfaitement qu'aucun ciment n'était nécessaire pour les faire tenir. Le résultat de leur savoir-faire peut encore être admiré dans la spectaculaire cité du Machu Picchu et dans la capitale inca de Cuzco, toutes deux situées au Pérou.

Ces cônes rocheux, appelés cheminées de fée, ont été sculptés par la pluie et le vent.

DES MAISONS DANS LA MONTAGNE
Dans les montagnes et sur les plateaux inhospitaliers de la Turquie centrale, le vent et l'érosion ont sculpté de hauts cônes rocheux, au milieu de roches plus tendres qui ont été emportées. Certaines de ces structures ont été tranformées en carrières de pierres de construction, d'autres ont été directement creusées pour y aménager des habitations.

Un épais toit de chaume protège des intempéries et conserve la chaleur à l'intérieur.

LES CHAUMIÈRES D'ALTITUDE
Les premières maisons qui furent construites par l'homme avaient probablement des toits de chaume. La paille, les roseaux et le bambou sont des matériaux de couverture encore largement utilisés. Dans les régions de montagne, les toitures sont beaucoup plus épaisses qu'en plaine ; de nombreuses couches de chaume assurent une meilleure protection contre un climat très rude. En outre, dans les contreforts népalais de l'Himalaya, un toit en bon état est essentiel en période de mousson où des pluies torrentielles s'abattent sur le pays entre juin et septembre. Jusqu'à 30 cm d'eau peuvent tomber en un mois.

Des moucharabiehs filtrent les rayons du soleil.

Chalet alpin en bois

REFUGES
Les chalets alpins traditionnels étaient construits en bois et avaient des fenêtres à volets pour conserver la chaleur. Durant les mois d'hiver, les bêtes séjournaient dans le même chalet, parfois dans la même pièce que les humains, assurant la fonction de « chauffage central » au détriment de l'hygiène. Aujourd'hui ces chalets servent parfois de refuges pour les grimpeurs, les randonneurs et les skieurs. Souvent situés sur des hauteurs escarpées, à l'écart des sites avalancheux, ils se voient de loin.

PLACE ET VUE IMPRENABLES
Au cours de l'histoire, l'homme a souvent construit en hauteur, sur des pitons rocheux, et cela pour trois raisons principales. La première est la défense : une position élevée permet de voir arriver l'ennemi. La deuxième est d'ordre religieux, les montagnes étant souvent considérées comme des lieux sacrés. La troisième est liée au statut social : tout le monde peut voir ainsi l'importance de l'occupant des lieux. Ainsi en est-il du palais d'été de Wadi Dahr, au Yémen (ci-contre), où habite le puissant imam Yachiya.

LE FIL ET LA LAINE
Peu de peuples auront laissé une telle abondance d'étoffes tissées que les anciens Péruviens. Ils utilisaient du fil de coton (montré ici) ainsi que la laine des alpagas et des lamas.

SUBSISTER DANS LE RUDE MILIEU MONTAGNARD

Les pentes escarpées des hautes montagnes paraissent nues et improductives. Le climat y est froid, et cultiver la couche de terre pauvre et mince qui les recouvre est très difficile. Ces régions peuvent néanmoins être sources de richesses. Certaines font l'objet d'exploitations minières qui produisent de l'or, de l'argent, des métaux et des minéraux de toutes sortes. D'autres sont exploitées pour le bois de leurs forêts. Et, à mesure que les réserves en charbon et en pétrole s'amenuiseront, les centrales hydroélectriques sur les rivières de montagne pourraient voir leur importance s'accroître.

TERRASSER LE RELIEF
La construction de terrasses est une pratique vieille de milliers d'années. Elle permet de mettre en place, sur des pentes escarpées, des cultures telles que celles du riz, du maïs, des fruits et des légumes. Des murets de soutènement retiennent la terre et l'eau et ménagent des terrains plats sur lesquels les pratiques culturales sont plus aisées.

UNE QUÊTE HARASSANTE
Dans certaines régions de l'Himalaya, les forêts ont été tellement exploitées que les habitants doivent aller chercher le bois toujours plus loin. Afin d'en ramener suffisamment pour le chauffage et la cuisine, il leur faut entreprendre des voyages de plusieurs jours.

LA PUISSANCE INDUSTRIELLE

Les ressources des montagnes sont essentielles à bon nombre d'industries lourdes. Les aciéries des Alpes autrichiennes, par exemple, exploitent de riches dépôts de fer et de charbon, et, dans le monde entier, les fabriques de papier se trouvent souvent dans les régions de collines où le bois est abondant.

L'ÉNERGIE DE L'EAU

Les montagnes sont particulièrement propices à la construction de centrales hydroélectriques. Les forts dénivelés permettent de retenir l'eau en abondance derrière des barrages d'altitude. L'eau ainsi contenue actionne des turbines qui produisent de l'électricité. Certains pays montagneux, comme la Norvège, la Suède, le Canada et la Suisse, utilisent beaucoup ce mode de production d'électricité.

Barrage en béton

CRISTAL DE ROCHE

Les cristaux de quartz sont récoltés en grande quantité dans les Alpes suisses depuis au moins deux cents ans. Les gros spécimens sont recherchés par certains amateurs. Les plus petits sont employés dans les industries optique et électronique.

Quartz *Gwindel* des Alpes

Pour créer cette figurine, de l'or fondu a été versé dans un moule.

L'OR DE L'ELDORADO

Les Incas tiraient l'essentiel de leur or de gisements alluviaux dans les rivières, où le métal précieux se trouve près de la surface. Ils réduisaient en miettes la terre aurifère à l'aide de bâtons durcis au feu.

Lama d'or

UNE AGRICULTURE SÉLECTIVE

En montagne, la saison de végétation est courte et les hivers froids. Seuls des végétaux résistants, tels les haricots, les pommes de terre et l'orge, sont cultivés.

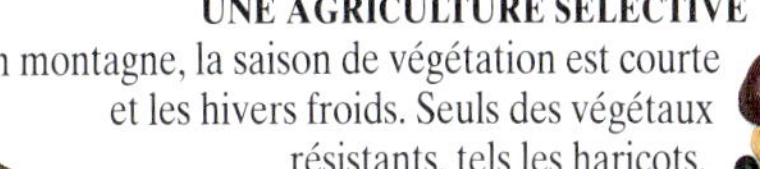

Haricots cultivés dans les Andes

Le maïs est un aliment de base dans de nombreuses contrées montagneuses.

UNE TERRE INDISPENSABLE À LA SURVIE

Le Népal est l'un des pays les plus pauvres du monde. Bon nombre de ses habitants survivent grâce à une agriculture de subsistance. Utilisant la totalité de leurs récoltes pour leurs besoins propres, il ne leur reste rien à vendre. Pour eux, l'emploi de machines agricoles est un luxe hors de portée. Labour, culture, semis et récoltes sont effectués à la main.

LOISIRS D'HIVER
Après la révolution industrielle, les nouvelles voies de chemin de fer transportèrent pour la première fois des touristes dans les Alpes. Les skieurs ont tout de suite apprécié les télésièges.

CIRCULER EN MONTAGNE N'A PAS TOUJOURS ÉTÉ AISÉ

Par nature, les reliefs n'ont jamais facilité les communications. Jadis, pour traverser les régions montagneuses, on empruntait les rares voies existantes. De gros campements humains remontant à 3000 ans av. J.-C. s'implantèrent aux endroits où ces voies convergeaient. Bien plus tard, avec l'industrialisation et l'avènement du chemin de fer et de l'automobile, un nouveau réseau de communications s'est créé, adapté à l'environnement montagnard. Les vieilles pistes ont laissé place aux autoroutes. D'immenses viaducs et des tunnels, tel celui du Simplon II, en Suisse, long de 19,8 km, permettent de se rendre par la route ou le rail dans des vallées autrefois exclusivement accessibles à pied. Mais, si de bon réseaux de transport contribuent au développement économique de la montagne, ils ont aussi immanquablement, dans ces milieux sensibles, un impact écologique.

Train du mont Snowdon, 1085 m au-dessus du niveau de la mer

LES TORTILLARDS DES CIMES
Au-delà d'une certaine pente, les trains classiques ne peuvent plus monter les côtes. Les trains de montagne sont souvent munis d'une roue dentée en prise sur une crémaillère installée au centre de la voie. Ils peuvent ainsi franchir des pentes de près de 50%, comme celle du mont Snowdon, dans le pays de Galles.

Cette raquette traditionnelle est faite d'une armature en bois léger tendue de lanières de cuir.

LE PIED LÉGER
Les Esquimaux des régions arctiques de l'Amérique du Nord furent parmi les premiers à utiliser des raquettes. En répartissant le poids sur une plus grande surface, celles-ci permettent de marcher sur la neige sans s'y enfoncer. Les raquettes modernes sont faites d'aluminium et de plastique antiadhérents.

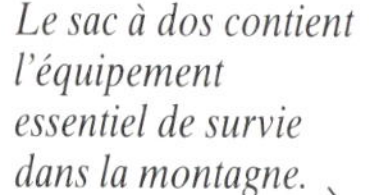

Le sac à dos contient l'équipement essentiel de survie dans la montagne.

SKI DE RANDONNÉE
Le ski est un moyen de déplacement vieux de plus de 4000 ans. Selon les historiens, il serait né en Scandinavie. Autrefois moyen de survie, il est aujourd'hui un sport très populaire. En randonnée, des « peaux de phoque » attachées sous les skis permettent de remonter les pentes en évitant de glisser en arrière.

Excellent moyen de découvrir la montagne et de se tenir en forme, la randonnée à ski fait de plus en plus d'adeptes.

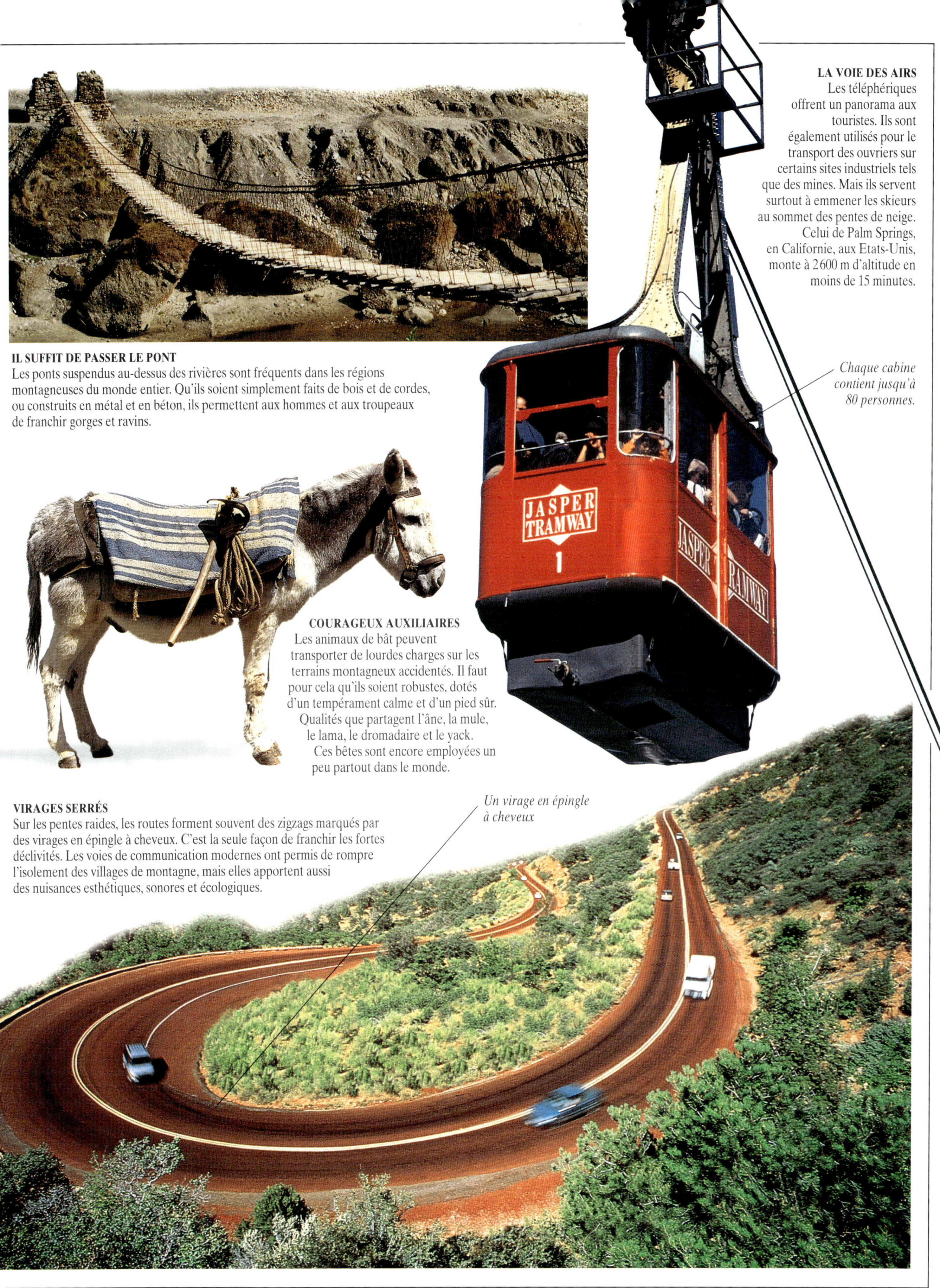

LA VOIE DES AIRS
Les téléphériques offrent un panorama aux touristes. Ils sont également utilisés pour le transport des ouvriers sur certains sites industriels tels que des mines. Mais ils servent surtout à emmener les skieurs au sommet des pentes de neige. Celui de Palm Springs, en Californie, aux Etats-Unis, monte à 2600 m d'altitude en moins de 15 minutes.

Chaque cabine contient jusqu'à 80 personnes.

IL SUFFIT DE PASSER LE PONT
Les ponts suspendus au-dessus des rivières sont fréquents dans les régions montagneuses du monde entier. Qu'ils soient simplement faits de bois et de cordes, ou construits en métal et en béton, ils permettent aux hommes et aux troupeaux de franchir gorges et ravins.

COURAGEUX AUXILIAIRES
Les animaux de bât peuvent transporter de lourdes charges sur les terrains montagneux accidentés. Il faut pour cela qu'ils soient robustes, dotés d'un tempérament calme et d'un pied sûr. Qualités que partagent l'âne, la mule, le lama, le dromadaire et le yack. Ces bêtes sont encore employées un peu partout dans le monde.

VIRAGES SERRÉS
Sur les pentes raides, les routes forment souvent des zigzags marqués par des virages en épingle à cheveux. C'est la seule façon de franchir les fortes déclivités. Les voies de communication modernes ont permis de rompre l'isolement des villages de montagne, mais elles apportent aussi des nuisances esthétiques, sonores et écologiques.

Un virage en épingle à cheveux

AUX TEMPS HÉROÏQUES DES PREMIERS ALPINISTES

De tous temps, la montagne a captivé l'homme. Pour certains, elle était la résidence des dieux, et parfois l'on effectuait de difficiles ascensions pour leur apporter des offrandes ou communiquer avec les esprits. Vers le XVIIIe siècle, l'étude scientifique des glaciers, des plantes ou des animaux poussa quelques naturalistes de plus en plus haut dans les Alpes. L'ère de l'exploration méthodique de la montagne a commencé au milieu du XIXe siècle. L'alpinisme est devenu un sport, avec des clubs alpins pour en faire la promotion. À la fin du XIXe siècle, les alpinistes britanniques, français, suisses et italiens avaient déjà gravi les principaux sommets des Alpes.

UNE ARMÉE DE GRIMPEURS
L'un des plus remarquables de tous les voyages transalpins eut lieu il y a plus de 2000 ans. Hannibal, représenté sur cette monnaie, était un grand général carthaginois. En 218 av. J.-C., il mena une armée de plus de 9000 hommes et de 57 éléphants à travers les cols enneigés des Alpes pour lancer une attaque surprise contre les Romains.

CHIEN MONTAGNARD
L'un des plus inattendus palmarès de la montagne est sans doute celui de la chienne Tschingel, qui effectua à la fin du siècle dernier une impressionnante série d'ascensions en compagnie de son maître, l'alpiniste américain William Coolidge.

« Je ne pouvais regarder la montagne […] sans être saisi par un douloureux désir. »

HORACE BÉNÉDICT DE SAUSSURE

DES FEMMES AU SOMMET
Après Marie Paradi, en 1809, la comtesse Henriette d'Angeville réussit l'ascension du mont Blanc en 1838. Les femmes alpinistes avaient un double handicap. Non seulement elles s'aventuraient dans un univers traditionnellement réservé aux hommes, mais, pour des raisons de bienséance, elles devaient en outre conserver leurs vêtements féminins.

L'éventail commémore les différentes étapes de l'expédition de Smith, de Londres jusqu'au sommet du mont Blanc.

PIONNIER DE L'ALPINISME... ET DU MARKETING
L'Anglais Albert Smith ne fut certes pas le premier à gravir le mont Blanc. Il en atteignit le sommet en 1851, soixante-cinq ans après la première ascension, mais son expédition suscita un fort engouement pour l'alpinisme car il en parla beaucoup. A Londres, il organisa une série de conférences illustrées avec une lanterne magique et vendit des souvenirs, dont un jeu de l'oie et cet éventail.

Au verso de l'éventail était imprimé le programme de la conférence de Smith.

La première ascension du Cervin : dessin alllégorique de l'époque

L'équipe de Whymper au sommet du Cervin

À LA CONQUÊTE DU MONT BLANC
L'ascension des sommets alpins devint une obsession pour les aventuriers du XVIIIe siècle. En 1760, le physicien suisse Horace Bénédict de Saussure offrit un prix au premier qui réussirait l'ascension des 4807 m du mont Blanc, point culminant des Alpes. Le prix fut remporté 26 ans plus tard par Michel-Gabriel Paccard, un médecin français, et son compagnon Jacques Balmat. Saussure effectua sa propre ascension l'année suivante, avec une équipe ne comptant pas moins de 18 guides... plus son valet de chambre.

LA TRAGIQUE CONQUÊTE DU CERVIN
Vers le milieu du XIXe siècle, un sommet des Alpes, dont l'ascension semblait impossible, restait vierge. Il s'agissait du mont Cervin, également dénommé Matterhorn en allemand, situé à la frontière entre la Suisse et l'Italie. En 1865, lors de sa huitième tentative, un graveur anglais du nom d'Edward Whymper (1840-1911) fut avec six compagnons le premier à en atteindre le sommet, à 4478 m d'altitude. Malheureusement, l'expédition tourna au drame. Au cours de la descente, l'un des membres de l'équipe glissa et entraîna dans sa chute trois autres membres de la cordée.

Le poignet d'Ötzi porte des tatouages, auxquels on attribuait jadis des vertus guérisseuses.

Le corps était pris dans la glace et la neige.

L'HOMME DES GLACES
Le doyen des montagnards est un homme dont on a retrouvé, en 1991, la momie congelée dans un glacier, à 3210 m d'altitude, dans les Alpes. Le lieu de sa découverte étant la vallée d'Ötz, entre l'Autriche et l'Italie, on lui donna le nom d'Ötzi. On crut d'abord avoir retrouvé le corps d'un alpiniste des temps modernes, mais la datation au carbone 14 lui donna l'âge vénérable de 5200 ans. L'étude des vêtements et de l'équipement d'Otzi révéla qu'il devait être rompu à la vie en altitude.

LE DÉFI ULTIME : LA CONQUÊTE DE L'EVEREST

À mesure que les grands pics des Alpes étaient gravis, les alpinistes commencèrent à reporter leur intérêt sur d'autres sommets du monde. Et de tous, celui qui suscitait le plus de convoitises était, bien sûr, l'Everest. Mais sa conquête était un voyage dans l'inconnu car, avant 1921, personne n'avait dépassé 7 498 m, c'est-à-dire 1 350 m de moins que le géant himalayen. En 1921, une expédition britannique releva le défi et découvrit une route possible vers le toit du monde. En 1922, elle était de retour et s'éleva jusqu'à 590 m du sommet. Une nouvelle tentative fut entreprise en 1924… et c'est alors que survint le drame. Le 8 juin, George Mallory et Andrew « Sandy » Irvine ne devaient jamais revenir de leur dernière étape vers le sommet. À ce jour, personne ne sait s'ils l'ont atteint.

LE SIGNE DE LA DÉFAITE
Des compagnons de cordée attendirent au camp de base des nouvelles de Mallory et d'Irvine. Ils virent des membres de l'équipe s'éloigner d'une croix qu'ils avaient marquée sur la neige à l'aide de couvertures. C'était le signal qui signifiait la mort. Mallory et Irvine étaient perdus.

EVEREST : DE L'HOMME À LA MONTAGNE
Le mont Everest fut ainsi appelé en l'honneur de sir George Everest, fils d'un avocat londonien, qui fut géomètre en chef aux Indes de 1830 à 1843. En hommage à son travail de cartographie, son successeur Andrew Waugh proposa de donner son nom au plus haut sommet du monde. Everest n'aima pas cette idée, considérant que les montagnes devaient conserver leur nom local. Mais Waugh obtint gain de cause et, ainsi, le nom du géomètre passa à la postérité.

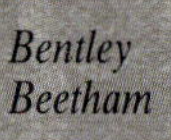

L'ÉQUIPE DE 1924
Conduite par le colonel Norton, l'équipe de 1924 se composait d'un noyau d'alpinistes ayant déjà affronté l'Everest auparavant : Somervell, Bruce et Mallory, lequel en était à sa troisième expédition sur les lieux. Parmi les nouveaux venus figuraient Odell, Beetham, Hazard, Shebbeare et Hingston. Le jeune « Sandy » Irvine, un étudiant ingénieur d'Oxford de 21 ans, avait, quant à lui, peu d'expérience de l'alpinisme, mais il était très robuste et, dit-on, toujours gai.

LA PHOTO MANQUANTE
Avant de s'élancer vers le sommet, Mallory s'était vu confier un Kodak Vestpocket, un appareil photographique pliant comme celui qui est montré ici. Lui, ou Irvine, l'avait donc en poche en ce jour fatal du mois de juin, et l'appareil doit encore se trouver aujourd'hui quelque part sur les hautes pentes de l'Everest. Des spécialistes sont convaincus que, si on le retrouvait, le film pourrait encore être développé et permettrait de répondre à la grande question qui subsiste : Mallory et Irvine ont-ils atteint le sommet ?

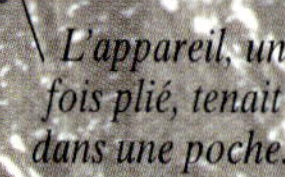

L'appareil, une fois plié, tenait dans une poche.

Dear Noel
We'll probably start early to-morrow (8th) in order to have clear weather. It won't be too early to start looking out for us either crossing the rock band under the pyramid or going up skyline at 8.0 p.m.

Yours ever
G Mallory

Mallory porte une veste coupe-vent, un pantalon, ainsi que des bandes molletières en cachemire.

Bonbonne d'oxygène

Chaque alpiniste emportait quelques vêtements de rechange et des provisions.

Le message était rédigé sur une page arrachée du carnet de notes de Mallory.

EN ROUTE VERS LE SOMMET ?
Voici la dernière photographie où figurent Mallory (à gauche) et Irvine, au camp VI, installé sur le col nord de l'Everest, tandis qu'ils effectuent leurs derniers préparatifs avant l'ascension finale. Ils emportent sur leur dos de lourdes bonbonnes d'oxygène, dont leurs Sherpas et les Tibétains disaient, non sans humour, qu'elles contenaient de l'« air anglais ». Noel Odell fut le dernier à apercevoir les deux hommes vivants, sur la crête nord à 12 h 50, tandis qu'ils progressaient encore vaillamment vers le sommet.

Piolet d'Irvine

« Parce qu'il est là. »

La célèbre réponse de Mallory à quelqu'un qui lui demandait pourquoi il voulait absolument gravir l'Everest.

DERNIER MESSAGE À NOEL
Le message de Mallory, rédigé au camp VI à l'adresse du capitaine Noel, Odell lui indique où il pourra observer les deux hommes lors de leur approche finale du sommet. On y lit : « Nous nous mettrons probablement en route de bonne heure demain matin (le 8), afin de profiter du temps clair. A 8 h, il ne sera pas trop tôt pour chercher à nous localiser, soit traversant la bande rocheuse sous la pyramide, soit en train de progresser sur la pente de la montagne. »

Corde d'alpinisme

La présence de trois encoches sur le manche permet d'affirmer que ce piolet appartenait à Irvine.

« ... et la fascinante vision disparut toute entière, à nouveau enveloppée de nuages ».

Noel Odell décrivant sa dernière vision de Mallory et Irvine

CONSERVÉS PAR LA GLACE
La première preuve du sort funeste de Mallory et Irvine fut un piolet découvert très haut sur la montagne, en 1933. Mais les corps des deux hommes étaient introuvables. Enfin, en 1999, 75 ans après leur disparition, la dépouille de Mallory a été retrouvée. Ses blessures font penser qu'il est mort dans une chute. Mais les indices qui permettraient de dire s'il a pu ou non parvenir au sommet restent insuffisants.

HILLARY ET TENZING : VICTOIRE SUR L'EVEREST

Jusqu'à la Seconde Guerre mondiale, les tentatives pour atteindre le sommet de l'Everest furent britanniques. Toutes partaient du Tibet, au nord, l'approche de la face sud, par le Népal, étant interdite. La guerre finie, le Népal rouvrit ses frontières. Des cartes inédites, du matériel et des vêtements nouveaux firent leur apparition et permirent aux Anglais d'entreprendre une nouvelle tentative par le sud. En 1952, une expédition suisse parvint à 300 m du sommet. La course à l'Everest était désormais engagée. L'année suivante, les Britanniques firent une nouvelle tentative, déterminés à conquérir « leur » montagne avant les autres.

UNE NOUVELLE VOIE VERS LE SOMMET
Cette illustration tirée d'une édition du *Daily Express* de l'époque montre l'itinéraire emprunté par Hillary et Tenzing lors de leur ascension historique. Passé l'obstacle initial des séracs du Khumbu (voir page ci-contre), la voie suivait une haute vallée glaciaire et franchissait une face abrupte en direction d'une arête exposée. L'expédition suisse de 1952 avait atteint l'altitude de 8 600 m. Au-delà, le terrain restait entièrement inconnu.

Agé de 49 ans, Dawa Thondup était un grimpeur himalayen vétéran.

Tenzing était respecté par tous pour son grand courage.

Ang Tsering avait tout juste 16 ans.

L'ÉQUIPE DE 1953
Le chef de l'expédition, un officier de l'armée britannique dénommé John Hunt, possédait une solide expérience de l'alpinisme dans les Alpes et l'Himalaya, et il était doué du génie de l'organisation. Hunt choisit les meilleurs alpinistes du Commonwealth. Pour l'assaut final, il avait prévu trois cordées de deux grimpeurs. La première, celle de Tom Bourdillon et Charles Evans, dut rebrousser chemin non loin du sommet.

L'EVEREST VAINCU
A 11 h 30, le 29 mai 1953, le Sherpa Norgay Tenzing et Edmund Hillary, un Néo-Zélandais apiculteur de son état, furent les premiers hommes à atteindre le sommet de l'Everest. Tenzing posa pour cette photo, son piolet portant les drapeaux du Royaume-Uni, du Népal, de l'Inde et des Nations unies, avant de faire une offrande bouddhiste de chocolat et de biscuits aux dieux de la montagne.

Les porteurs avaient jusqu'à 30 kg de charge.

UN EXPLOIT COLLECTIF

Derrière les deux hommes qui atteignirent le sommet de l'Everest, une équipe de 350 porteurs, dont la moitié étaient des femmes, avaient transporté équipement et vivres à travers les contreforts de l'Himalaya. Ensuite, une trentaine de Sherpas – les « Tigres », comme on les appelait affectueusement – avaient poursuivi jusqu'aux camps d'altitude dans la montagne.

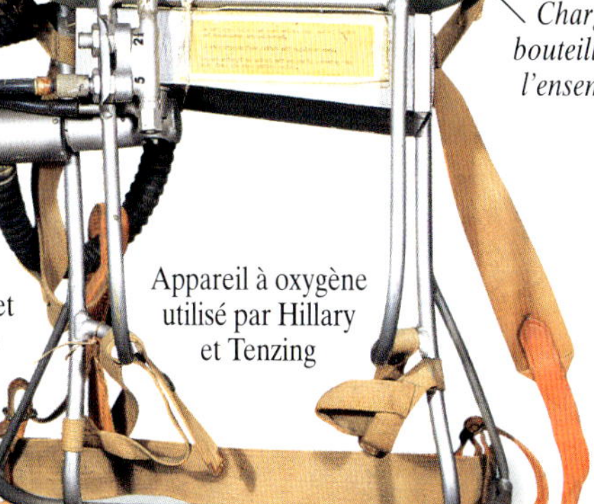

Les grimpeurs respiraient à travers un masque appliqué sur le nez et la bouche.

L'oxygène était contenu dans deux bouteilles en alliage métallique.

Chargé de deux bouteilles pleines, l'ensemble pesait 14 kg.

Appareil à oxygène utilisé par Hillary et Tenzing

ASSISTANCE RESPIRATOIRE

L'appareil à oxygène en circuit fermé utilisé lors de l'ascension fut mis au point par Tom Bourdillon, membre de l'expédition, et son père. L'oxygène, bien qu'encombrant à transporter, permet à l'organisme de résister au « mal des montagnes » dû à la raréfaction de l'air. Pour la première fois, en 1953, il fut utilisé pour aider à dormir. « Sans l'oxygène, écrivit Hunt, nous n'aurions certainement pas atteint le sommet. »

LA TRAVERSÉE DES SÉRACS

Les séracs du Khumbu sont un terrifiant labyrinthe de décombres glaciaires atteignant près de 1 000 m de hauteur. Les alpinistes de l'expédition de 1953 prirent des risques pour franchir de fragiles ponts de neige et des blocs de glace instables aussi gros que des maisons. Mais, après quelques jours, ils finirent par trouver un chemin à travers les séracs et, au cours des semaines qui suivirent, ils purent sécuriser la route afin de faire passer les vivres et l'équipement dont ils auraient besoin plus haut.

La voie fut sécurisée autant que possible à l'aide de cordes fixes et d'échelles.

RETOUR AU CAMP DE BASE

Hillary (à gauche) et Tenzing célèbrent leur victoire avec une tasse de thé. Lorsque le chef de l'expédition, John Hunt, vit redescendre les deux hommes, il interpréta leur allure fatiguée comme un signe d'échec. En le voyant, les vainqueurs brandirent leurs piolets en direction du sommet et, seulement alors, Hunt prit conscience de la merveilleuse réalité. « Loin d'avoir échoué, écrivit-il plus tard, c'était ÇA. Ils l'avaient fait ! »

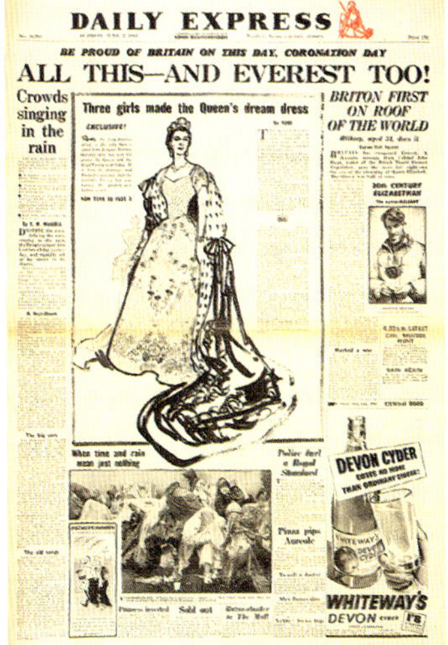

DAILY EXPRESS

BE PROUD OF BRITAIN ON THIS DAY, CORONATION DAY

ALL THIS—AND EVEREST TOO!

Crowds singing in the rain

Three girls made the Queen's dream dress

BRITON FIRST ON ROOF OF THE WORLD

DEVON CYDER

WHITEWAY'S DEVON

LES GROS TITRES

Lorsque le sommet fut atteint, James Morris, un reporter du *Times*, envoya un message codé à Londres. « Mauvaises conditions de neige », écrivit-il. Ce qui signifiait le succès. Le 2 juin 1953, le monde entier apprenait la nouvelle, juste à temps pour célébrer le couronnement de la reine d'Angleterre, Elisabeth II.

« Nous nous serrâmes la main puis Tenzing m'enserra dans ses bras et nous nous tapâmes dans le dos jusqu'à perdre haleine. »

EDMUND HILLARY RACONTANT L'ARRIVÉE AU SOMMET

CATHERINE DESTIVELLE
Catherine Destivelle est l'une des grimpeuses les plus célèbres au monde. Née en 1960, son goût pour la varappe s'affirma très tôt, sur les rochers de Fontainebleau. Elle connut la gloire en devenant la première femme à gravir en solitaire la face nord de l'Eiger, puis en ouvrant une nouvelle voie d'ascension en solo à la face ouest des Drus, dans le massif du Mont-Blanc.

PAR LES VOIES DE TRAVERSE

Une fois que l'Everest et tous les « 8000 » eurent été conquis, les alpinistes commencèrent à rechercher de nouveaux terrains d'escalade dans les endroits les plus reculés de la planète, ainsi que d'autres manières de gravir les sommets déjà explorés.

De nouveaux itinéraires toujours plus audacieux et la simplification des expéditions offrent désormais de nouveaux défis à la maîtrise et à l'endurance des grimpeurs. Jadis, les géants de l'Himalaya étaient abordés par des expéditions lourdes. Basés dans des camps importants, les alpinistes recouraient à la sécurité offerte par des cordes fixées dans la montagne et au portage des charges par des Sherpas. Aujourd'hui, ils attaquent ces mêmes sommets comme dans les Alpes, en cordées légères se déplaçant rapidement. Chargés d'un équipement réduit, ils vont plus vite. L'Italien Reinhold Messner a été le chef de file de cet « himalayisme » moderne.

MUMMERY LE PIONNIER
Beaucoup considèrent l'alpiniste britannique Alfred Frederick Mummery (1855-1895) comme le maître à penser de l'alpinisme moderne. C'était un grimpeur audacieux qui faisait montre d'une technique superbe. Il fut l'un des premiers à pratiquer l'alpinisme sans guide. Dans les Alpes, il effectua la première ascension du Cervin par l'arête de Zmutt, et du Grepon. Il trouva la mort avec deux compagnons gurkha lors d'une tentative d'ascension au Nanga Parbat, dans l'Himalaya.

Catherine Destivelle en tête dans un difficile passage d'escalade.

EL CAPITAN
Le « Nez » d'El Capitan, une formidable paroi rocheuse de la vallée de Yosemite, en Californie, aux Etats-Unis, fut gravi pour la première fois en 1958 par les Américains Warren Harding, Wayne Merry, et George Whitmore. Ils restèrent sur la face durant 37 jours, hissant laborieusement avec eux nourriture et matériel. Depuis lors, le Canadien Peter Croft a réussi la même ascension, en solo et dans un délai record de 4 heures et 22 minutes !

LA PREMIÈRE FEMME SUR L'EVEREST
En 1975, Junko Tabei, une mère de famille japonaise de 35 ans, fut la première femme à atteindre le sommet de l'Everest. De son ascension, elle devait dire : « La technique et l'aptitude seules ne suffisent pas à vous emporter au sommet… Le plus important, c'est la volonté. Cette volonté que l'argent ne peut acheter et que les autres ne peuvent vous donner, car elle jaillit de votre cœur. » Onze jours seulement après son exploit, elle était suivie par Phantog, une Tibétaine qui effectua l'ascension par la face nord. Tabei fut également la première femme à inscrire les Sept Sommets à son palmarès.

LE SUCCÈS DANS LA DOULEUR
L'Annapurna, dans l'Himalaya, fut vaincu pour la première fois en 1950 par Maurice Herzog et Louis Lachenal. Le fait était d'autant plus remarquable que c'était le premier sommet de 8 000 m gravi par l'homme.
Parmi les tentatives suivantes, celle de l'expédition britannique de 1970 connut un succès retentissant. Dirigée par Chris Bonnington, elle visait à tenter la première ascension de l'Annapurna par sa face sud, une muraille glacée et quasi verticale de 3 600 m. Les alpinistes y subirent des conditions climatiques effrayantes et, la plupart du temps, durent affronter des vents violents. Mais, le 21 mai, Don Whillans et Dougal Haston, sans oxygène, se tenaient au sommet.

Reinhold Messner a inspiré toute une génération d'alpinistes.

Peter Habeler se lança dans l'alpinisme à l'âge de six ans.

LE PURISTE
L'Italien Reinhold Messner (à gauche) et l'Autrichien Peter Habeler (à droite) écrivirent l'histoire en 1978 en devenant les premiers vainqueurs de l'Everest sans oxygène, ce que peu de gens croyaient possible. Deux ans plus tard, Messner renouvela son exploit non seulement sans oxygène, mais seul. Premier homme à gravir les quatorze sommets de plus de 8 000 m dans le monde, il est considéré par beaucoup comme le plus grand alpiniste himalayen de tous les temps. Véritable puriste, Reinhold Messner considère les aides telles que les bonbonnes d'oxygène comme une façon « pas très honnête » d'affronter la montagne.

LE HÉROS EN SOLO
L'Italien Walter Bonatti est l'un des alpinistes les plus accomplis de l'histoire de cette discipline.
Cette photographie de 1965 le montre au sommet de la face nord du Cervin, alors qu'il venait d'y ouvrir une voie nouvelle en solo et en hiver. Son exploit le plus remarquable fut, en 1955, une autre première prestigieuse, également en solitaire, du formidable pilier sud-ouest des Drus, dans le massif du Mont-Blanc. On le dénomme d'ailleurs aujourd'hui Pilier Bonatti.
L'Italien devait dire : « Si, dans des conditions normales, c'est la maîtrise qui compte, dans des situations aussi extrêmes, c'est l'esprit qui sauve. »

Boussole à cadran solaire du XVIIe siècle

LES HABITS ET LE MATÉRIEL : UNE LONGUE HISTOIRE

L'équipement des premiers montagnards était rudimentaire. Un long bâton ferré, l'*Alpenstock*, les aidait dans leur marche. Plus tard, des chaussures à crampons procurèrent une meilleure adhérence sur la glace, dans laquelle le piolet permettait d'avoir prise. Les habits, en laine, coton et soie, tenaient chaud lorsqu'on les superposait, mais ils se détrempaient par temps humide. Aujourd'hui, les alpinistes disposent de tenues et d'équipements à la pointe de la technologie. Conçu spécialement pour la montagne, ce matériel rend les séjours en altitude plus sûrs et plus confortables. Les vêtements, en fibres synthétiques, sont chauds et imperméables. Avec des matériaux comme le titane, l'aluminium et la fibre de carbone, on fabrique des piolets plus robustes, plus légers et parfaitement adaptés aux techniques de l'alpinisme moderne.

Le chapeau protégeait du redoutable soleil alpin.

Portée par souci des convenances, la jupe était retirée dès que possible.

EN JUPE SUR LES SOMMETS

A une époque où toute femme se devait de porter des jupons, Mme Aubrey Le Blond bousculait les convenances en pratiquant l'alpinisme en pantalon. Elle emportait une jupe qu'elle laissait par-dessus le pantalon tant qu'elle était en vue des villageois, mais elle l'ôtait en montagne. Un jour qu'elle avait oublié sa jupe dans un refuge, elle dut envoyer un de ses guides la rechercher avant de pouvoir pénétrer dans les respectables auberges de la vallée.

Les piolets traditionnels mesuraient près de 1 m de long et présentaient une pointe d'un côté et un bout élargi en pioche de l'autre.

Piolet

Alpenstock

L'ALPENSTOCK ET LE PIOLET

Pour les alpinistes du XIXe siècle, le long bâton de marche pointu, dénommé *Alpenstock* (« bâton alpin », en allemand), ainsi que le piolet pour l'évolution sur la glace et la neige, étaient des accessoires essentiels.

Crampons primitifs fabriqués en bois et en corde

LES ANCÊTRES DES CRAMPONS

Au XVIe siècle, dans les alpages, les bergers attachaient à leurs chaussures de simples arceaux de bois munis de chevilles pointant vers le bas, qui leur permettaient de marcher plus facilement dans la terre grasse et glissante. L'idée fut reprise au début du XIXe siècle pour mettre au point les premiers crampons.

Chaussure d'escalade, en cuir et semelle cloutée, des années 1920

CHAUSSÉ DE CUIR ET DE FER

Les premiers alpinistes grimpaient en chaussures ferrées. Des clous sertis dans la semelle offraient, croyait-on, une meilleure prise sur le granit, et sur la neige et la glace. On y ajoutait des crampons, munis de pointes métalliques dirigées vers le bas. Les crampons modernes sont fabriqués en acier léger et présentent deux griffes pointant vers l'avant, que l'on peut planter dans les parois de glace verticales.

Lanières de cuir fixant les crampons sur la chaussure

Cette tente igloo, légère, offre un espace suffisant à deux personnes.

Casque pour se protéger des chutes de pierres

Les lunettes arrêtent les rayonnements ultraviolets du soleil, amplifiés par la réverbération.

La veste, faite d'un tissu de fibres semi-perméables, laisse respirer la peau mais protège du vent, de la pluie et de la neige.

LA TENTE IGLOO

Les tentes font depuis longtemps partie de l'équipement des alpinistes. Jadis, elles étaient de type « canadienne ». Présentant de larges pentes planes sur les côtés, elles étaient lourdes à transporter et, une fois montées, offraient une forte prise au vent. De nos jours, les alpinistes utilisent des tentes igloos, au toit arrondi. Elles présentent l'avantage de résister à des vents de 130 km/h et à de fortes chutes de neige. Elles se composent d'une seule toile – les canadiennes en comportaient deux, superposées –, généralement en fibres semi-perméables du type Gore-Tex.

La lame crantée en acier inoxydable du piolet moderne est conçue pour crocheter dans la glace.

Les cordes d'alpinisme encaissent les chocs en s'allongeant légèrement (fluage). Aussi faut-il en changer après une chute importante.

Des moufles imperméables recouvrent des gants en laine ou molletonnés ou en duvet.

Une fermeture étanche permet de conserver la chaleur à l'intérieur du sac de couchage.

Un surpantalon imperméable se superpose au pantalon molletonné, doublé d'un caleçon long.

La forme effilée optimise le confort en réduisant l'encombrement.

PARÉ POUR L'ACTION

La tenue de l'alpiniste en conditions extrêmes comporte trois couches. Des sous-vêtements thermiques contribuent à l'évacuation de la transpiration. Une couche plus épaisse de laine ou de polypropylène assure l'isolation, tandis que la couche externe protège du vent, de la neige et de la pluie.

Des guêtres empêchent la neige de pénétrer dans les chaussures.

SAC DE COUCHAGE

Le sac de couchage garde la chaleur corporelle grâce à l'épaisseur de sa garniture, qui peut être du duvet d'oie ou de canard, voire des fibres synthétiques. Contre l'humidité, certains sacs de couchage ont une enveloppe imperméable ou peuvent être enfermés dans un sac de bivouac imperméable.

Les chaussures en matériaux synthétiques isolants ont une semelle rigide afin de pouvoir y fixer fermement les crampons.

SURVIVRE DANS DES CONDITIONS DIFFICILES

S'aventurer sur les plus hauts sommets de la planète est une épreuve, pour le corps et pour l'esprit. Les alpinistes savent qu'ils vont rencontrer des conditions climatiques redoutables et qu'ils risquent leur vie en cas de chute, d'avalanche ou d'éboulement. En outre, l'organisme humain est poussé aux limites de ce qu'il peut endurer, et des problèmes physiques surviennent souvent, comme le mal de l'altitude, l'ophtalmie des neiges et les gelures, lesquelles peuvent aboutir à des amputations. Bien sûr, la technique moderne permet de réduire les dangers ; ainsi, le téléphone par satellite relaie les prévisions météorologiques et le matériel high-tech augmente les marges de sécurité. Mais rien ne remplace l'expérience de l'alpiniste.

LES EFFETS NÉFASTES DE L'ALTITUDE
Les premiers symptômes du mal de l'altitude sont l'essoufflement et l'augmentation du rythme cardiaque, mais ils peuvent être rapidement suivis de nausées, de maux de tête, de troubles de la conscience, de vertiges et, enfin, de perte de connaissance. L'organisme a besoin de temps pour s'adapter à la raréfaction de l'oxygène de l'air en haute altitude. C'est pourquoi il est recommandé de s'acclimater à l'altitude par des montées progressives.

PROTÉGÉS PAR LA NEIGE
Dans les conditions les plus rudes, un trou dans la neige peut s'avérer plus sûr que la tente. Les épaisses parois de neige isolent du froid et protègent du blizzard. Le trou est creusé au piolet ou à la pelle, et l'entrée en est bouchée par des blocs de neige.

DE L'OXYGÈNE POUR SURVIVRE
Au sommet de l'Everest, la quantité d'oxygène dans l'air est trois fois plus faible qu'au niveau de la mer. Peu de gens sont capables d'atteindre de telles altitudes sans bonbonnes d'oxygène. On voit ici le Britannique Chris Bonnington et le Sherpa Ang Lhakpa équipés d'une assistance respiratoire intégrale, lors de leur expédition de 1985.

Masque à oxygène

Un sac étanche et rembourré renferme les réserves médicales.

Pansements stériles

PREMIERS SECOURS
Les pentes des hautes montagnes sont loin de toute assistance médicale. Les lourdes expéditions du passé comptaient toujours un médecin dans leurs rangs, mais les alpinistes modernes se contentent le plus souvent d'une trousse de premiers secours. Celle-ci contient généralement du sparadrap et des pansements, des antiseptiques, des analgésiques, des antibiotiques, des traitements contre les nausées, les indigestions, la diarrhée, les problèmes respiratoires, les infections des yeux et des oreilles, et d'autres médicaments d'urgence.

ÉCLAIRAGE DE SECOURS
En cas de panne des lampes torches, briser un bâton lumineux chimique permet d'obtenir de la lumière pendant douze heures.

LE SECOURS EN MONTAGNE

Les montagnes sont, par nature, des terrains dangereux où les accidents peuvent frapper même les alpinistes les plus expérimentés. Lorsqu'un membre d'une équipe est blessé ou enseveli sous une avalanche, il y a souvent des choses à faire avant même l'arrivée éventuelle des secours. La première précaution consiste à s'assurer que le reste de l'équipe est à l'abri d'un nouveau risque. L'aide est demandée par radio, par téléphone, ou bien par l'envoi du signal de détresse internationalement reconnu, composé de six coups de sifflet ou de six éclairs de lampe torche. Les premiers soins sont ensuite apportés au blessé. Dans la plupart des régions de montagne, il existe des équipes de sauvetage qui se déplacent à pied, à skis ou en hélicoptère et dont les interventions constituent parfois de véritables exploits.

ASSISTANCE EN MONTAGNE
Autrefois, les alpinistes s'organisaient entre eux pour aller au secours de leurs camarades en difficulté. Aujourd'hui, ce sont de véritables professionnels, parfaitement équipés et entraînés spécialement, qui, tel le PGHM (Peloton de Gendarmerie de Haute Montagne) de Chamonix, prennent en charge le secours en montagne.

Un sac de couchage ou des couvertures maintiennent la victime au chaud.

Armature en alliage léger

TRAÎNEAU DE SAUVETAGE
Vision par trop fréquente sur les pistes de ski, le brancard des neiges est équipé en traîneau et sert à évacuer une personne blessée sur les terrains enneigés et difficiles. Les poignées à chaque extrémité permettent aux sauveteurs de le tenir fermement dans les passages difficiles.

Les crampons sont indispensables sur les terrains glacés.

SUR LA PISTE
Les chiens ont un odorat très développé, et certains, les « chiens d'avalanche », sont dressés pour retrouver les victimes ensevelies sous la neige. Cette image traditionnelle d'un saint-bernard apportant de l'eau-de-vie dans un tonnelet accroché à son cou est trompeuse : l'alcool n'est certainement pas le meilleur remède pour les victimes d'avalanches…

L'ÉQUIPEMENT DU SAUVETEUR

Une équipe de sauvetage ne se lance pas dans une mission sans être préparée à toute éventualité. Les sacs sont remplis de tout le matériel utile que l'on peut transporter sans se surcharger. Les techniques de secours étant de plus en plus spécialisées, les sauveteurs ont plusieurs sacs préparés en fonction de la nature de l'opération (neige, glace, rocher, sentier…).

Pour communiquer sa position, les traditionnelles cartes et boussoles sont aujourd'hui assistées par le GPS, système de localisation par satellite, et par les téléphones cellulaires.

Puissante lampe torche

Radio pour transmettre les informations entre membres de l'équipe

La pelle permet de dégager la neige. Dans certains cas exceptionnels, on a pu ramener à la vie des victimes d'hypothermie considérées comme « cliniquement mortes » pendant près d'une heure.

L'éclairage sur le casque permet de travailler les mains libres dans l'obscurité.

Vêtements isolants de secours

Cordes et mousquetons pour grimper et s'assurer

Bouteille Thermos remplie d'une boisson chaude et sucrée

Un sac de couchage permet de lutter contre l'hypothermie.

Des vêtements imperméables assureront la protection du blessé contre le vent, la neige et la pluie.

Des tubes en alliage léger emboîtables pour constituer une perche de 3,60 m de long, permettront de sonder la neige sur un terrain d'avalanche, à la recherche des victimes.

Une trousse de premiers secours contient pansements, bandages, analgésiques et autres médicaments de première urgence.

Piolet pour la progression dans la neige et la glace

Le casque protège des chutes de pierres.

ASSISTANCE AÉRIENNE

Souvent, la meilleure façon d'évacuer un blessé est de recourir à l'hélicoptère. Les équipes héliportées font preuve de beaucoup d'adresse pour aller chercher les victimes sur les parois les plus raides ou dans les gorges les plus profondes. Elles utilisent pour cela la technique du treuillage. Mais le sauvetage par hélicoptère est impossible sur les plus hauts sommets, où l'air n'est plus assez dense pour permettre à l'appareil de s'élever.

DES TECHNIQUES D'ASCENSION VARIÉES

L'alpinisme réclame une excellente coordination psychomotrice, mais cela ne suffit pas. Les montagnes offrent, en effet, des conditions d'escalade très diverses, chacune faisant appel à un ensemble de qualités et de techniques différentes. En haute altitude, le simple fait de marcher peut être si difficile qu'il faut de l'endurance et une bonne résistance physique et morale aux efforts de longue durée. L'escalade de parois rocheuses ou glacées demande d'autres capacités : adresse, souplesse, musculation. Les bons grimpeurs sont agiles, possèdent une excellente forme physique et un sens de l'équilibre de félin. Les meilleurs s'entraînent assidûment pour atteindre les limites des possibilités humaines et franchir des parois verticales ou des surplombs avec la grâce des danseurs.

ASSURÉS
Les mousquetons sont des éléments essentiels de l'équipement de l'alpiniste. Ces chaînons ouvrables en alliage léger permettent de relier entre elles différentes parties du harnachement de sécurité du grimpeur : cordes, pitons, harnais. Les plus résistants peuvent supporter un poids de 2250 kg.

POUR ARRÊTER LA CHUTE
En montagne, la corde est un élément de sécurité essentiel. Elle relie entre eux les alpinistes d'une même cordée qui s'assurent les uns les autres à partir de pitons, de coinceurs, d'anneaux de corde, directement sur le piolet dans la neige ou sur des broches dans la glace.

DESCENTE EN « RAMASSE »
On peut glisser dans la neige en s'appuyant sur le manche du piolet. C'est la technique dite du « piolet ramasse ».

L'ASSURAGE
Assuré par le second, le premier de cordée se ménage des points d'assurage au fur et à mesure de sa progression. Après une longueur de corde, il fait relais en s'attachant solidement au rocher et aide le second à monter en laissant un minimum de mou sur la corde.

Au relais, le premier de cordée assure le second.

La corde est « avalée » au fur et à mesure de la progression du second.

Le pitch : longueur de corde entre deux points d'assurance

Second grimpeur assuré par le grimpeur de tête au point de relais

PRISE DE DOIGT
Parfois, la seule prise possible est une fissure étroite dans laquelle on ne peut introduire que la main ou un doigt. Il suffit alors de tourner la main ou de la plier pour verrouiller la prise, comme un coin entré en force. C'est un exercice parfois difficile et douloureux, mais les grimpeurs savent que c'est leur capacité à tirer parti d'une telle prise qui leur permet de progresser.

La traction sur la main tend à la verrouiller dans la fissure.

Structure artificielle d'escalade (SAE). Les prises sont d'abord fabriquées individuellement avant d'être disposées sur le mur.

L'ESCALADE EN SALLE
La pratique de l'escalade sur des structures artificielles s'est considérablement développée ces dernières années. Elle permet aux débutants de s'initier aux techniques d'escalade et aux grimpeurs confirmés de s'entraîner. De nombreuses compétitions y sont organisées.

UNE MÉTHODE PLUS RAPIDE
Jusque dans les années 1930, les alpinistes taillaient des marches dans la glace à l'aide de leur piolet. Aujourd'hui, ils tiennent sur les pointes avant de leurs crampons. Avec un piolet à manche court dans chaque main, ils peuvent ainsi gravir des parois de glace verticales en s'assurant avec des broches en titane vissées à même la glace.

Le bord dentelé du piolet assure une bonne prise.

Pointe incurvée du piolet

La lame du piolet permet de tailler dans la glace et de visser les broches.

Baudrier

Crampons à pointes avant, fixés sur des chaussures à semelle rigide

LE ROYAUME DES SPORTS

On peut aimer la montagne pour l'alpinisme, mais aussi pour la simple beauté des paysages, la randonnée ou la pratique des sports de glisse. Le plus populaire, le ski, a des origines anciennes: en tant que moyen de locomotion sur la neige, il a au moins 4000 ans; en tant que loisir, il remonte aux années 1840. Aujourd'hui, une énorme industrie s'est développée autour de cette activité. Des stations de sports d'hiver, ainsi que des réseaux de remontées mécaniques, ont été installés pour permettre sa pratique. Ceux qui préfèrent les grands espaces s'aventurent hors piste, mais cela demande une bonne connaissance de la montagne. D'autres s'essaient au surf des neiges, au vélo tout-terrain, au canyoning ou au parapente.

UNE IMPORTANCE ÉCONOMIQUE
De nos jours, les stations de ski rivalisent d'ingéniosité pour attirer une clientèle toujours plus exigeante. Les sports d'hiver sont une source de revenus très importante pour beaucoup de régions montagneuses.

DANGEREUSES DESCENTES
Le canyoning est un sport relativement nouveau. Il consiste à descendre ou à remonter des gorges dans les torrents ou à pied sec. On a recours à l'escalade, à la descente de cascades en rappel, ou alors au plongeon de grandes hauteurs dans des bassins assez profonds. Cette activité est à réserver aux intrépides, comme la plupart des nouveaux sports de montagne !

VÉLOS TOUT-TERRAIN
Les vélos tout-terrain sont des machines légères et robustes, équipées de pneus épais et de nombreuses vitesses pour permettre de circuler sur les terrains très accidentés. Les premiers engins de ce genre furent mis au point par des passionnés en Californie, aux Etats-Unis, dans les années 1970. Les modèles les plus récents font appel aux technologies de l'aérospatiale afin de réduire le poids sans perdre en robustesse. Certains cadres à absorption de chocs, faits en fibre de carbone, ne pèsent que 1,2 kg.

Le cadre résiste à de très fortes contraintes.

PLAISIRS D'ENFANCE
Pour la plupart des petits montagnards, la toute première forme de sports d'hiver a été la glissade sur les pentes enneigées ou glacées, que ce soit sur une luge ou sur un vieux plateau volé dans la cuisine. L'essentiel était de sauter avant l'obstacle !

LE SKI DE FOND HIER ET AUJOURD'HUI
Le ski de fond se pratique sur des reliefs peu accidentés, voire sur des terrains plats. C'est un exercice qui peut être très physique et aussi une excellente manière de se promener dans la nature. C'est également un sport olympique. Les skis montrés ci-dessus datent du début du XXe siècle. Ils mesurent 2,50 m de long, sont en bois, donc lourds. Les modèles fabriqués de nos jours sont toujours longs et étroits, mais extrêmement légers, car ils sont en fibre de verre. Seul le bout de la chaussure est fixé à une attache sur le ski. Le talon reste libre afin de permettre de marcher à longues enjambées.

LA DESCENTE CONTRÔLÉE
La descente en rappel consiste à descendre une paroi en se laissant glisser le long d'une corde munie d'un système de freinage pour ralentir la descente. Bien que d'un apprentissage facile, le rappel demande toujours beaucoup d'attention.

Un baudrier permet au grimpeur d'être confortablement tenu par la corde.

Cette planche de surf des neiges est large et souple.

LE « SNOW-BOARD »
Le surf des neiges vit le jour dans les années 1960 avec l'invention du *snurfer*, une simple planche munie d'une corde attachée à sa pointe. Depuis lors, sa popularité n'a fait que croître, menaçant même la suprématie du ski, en partie parce qu'il offre de nouvelles sensations. Ce sport, où l'on effectue des figures libres semblant défier la gravité, est très amusant. En 1998, le surf des neiges a fait son entrée aux jeux Olympiques d'hiver à Nagano, au Japon.

LES JEUX OLYMPIQUES D'HIVER

Les premiers jeux Olympiques d'hiver se tinrent à Chamonix, en 1924. Les nations scandinaves, spécialistes des disciplines d'alors, exclusivement nordiques, raflèrent 28 des 43 médailles décernées. Depuis lors, les Jeux ont eu lieu tous les quatre ans, sauf durant la Seconde Guerre mondiale. Sur la neige et la glace, des hommes et des femmes du monde entier se mesurent à skis, en patinage, en hockey sur glace, en bobsleigh, en luge, etc. Le nombre des disciplines n'a fait qu'augmenter au cours du temps : après le ski alpin en 1936, la luge en 1964, le palet sur glace (curling) en 1998, le surf des neiges et le hockey féminin ont fait leur entrée. Plus de soixante compétitions, individuelles ou par équipes, y sont désormais organisées.

FLAMME OLYMPIQUE
Symbole d'unité internationale, la flamme olympique est transportée à travers les frontières par un relais, depuis l'ancien site d'Olympie, en Grèce, jusqu'au site des nouveaux Jeux. Là, elle allume une flamme qui brûle pendant toute la durée des compétitions.

DE L'OR POUR LE MEILLEUR
Le champion finlandais de saut à skis Matti Nykänen remporta trois médailles d'or aux Jeux de Nagano en 1998.

JEUX PIONNIERS
Les Jeux d'hiver qui eurent lieu à Chamonix, en 1924, étaient à l'origine dénommés « Semaine internationale des sports d'hiver ». Ils ne furent officiellement intégrés aux olympiades qu'en 1926.

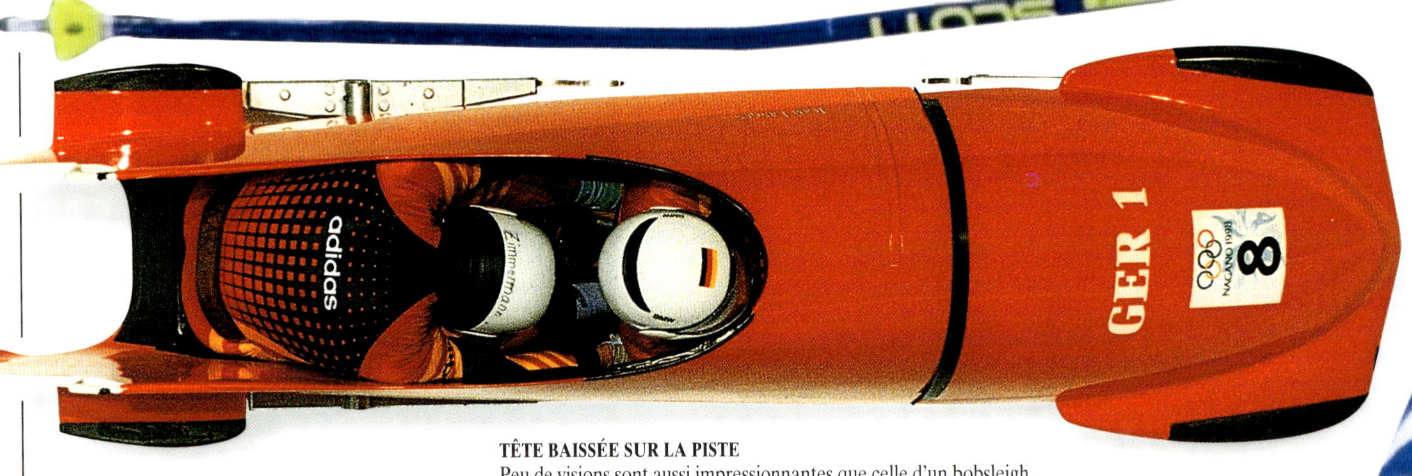

TÊTE BAISSÉE SUR LA PISTE
Peu de visions sont aussi impressionnantes que celle d'un bobsleigh en pleine course. Des équipes de deux ou quatre hommes poussent l'engin sur 50 m au départ, puis sautent dedans tandis qu'il prend de la vitesse. Le reste de la descente, ils l'effectuent la tête rentrée dans la coque afin de réduire la résistance à l'air, sur une piste de glace aux bords relevés. Une course normale dure moins de 60 secondes et la vitesse atteint parfois 160 km/h. Le conducteur, situé devant, dirige le bobsleigh. La victoire revient à l'équipe ayant effectué le meilleur temps sur un total de quatre essais.

LA GRÂCE SUR GLACE
La plus médaillée des patineuses artistiques est la Norvégienne Sonja Henie, qui fit son entrée aux Jeux en 1924, à l'âge de 12 ans. Elle remporta l'or au cours de trois olympiades successives, en 1928, 1932 et 1936, et tourna ensuite dans onze films à Hollywood.

LES CASSE-COU DE LA GLISSE
La luge fut introduite aux jeux Olympiques d'hiver en 1964. La luge de compétition, extrêmement légère, est lancée sur une piste glacée. Les concurrents descendent sur le dos et les pieds en avant, se dirigeant par de petits mouvements du corps. Les combinaisons caoutchoutées et les casques contribuent à réduire la résistance au vent.

Au cours du saut, le skieur recherche une position aérodynamique idéale le long de sa trajectoire.

ÉPREUVES REINES : LES COMPÉTITIONS DE SKI ALPIN
Les compétitions de ski traditionnelles sont la descente, illustrée ici, le slalom (où les skieurs doivent zigzaguer entre des piquets plantés sur la piste), le slalom géant, et le slalom supergéant, ou « super G », qui est une combinaison de descente et de slalom. Il existe aussi des compétitions de ski acrobatique avec différentes spécialités : bosses, saut et acroski.

LE GRAND SAUT
En saut à skis, le concurrent se lance d'abord sur un tremplin où il prend de la vitesse et d'où il se propulse dans les airs. Il peut s'élever jusqu'à 60 m du sol et couvrir une distance de plus de 185 m avant de reprendre contact avec la pente de neige bien damée et inclinée fortement pour amortir l'impact. Il est jugé non seulement sur la longueur de son saut, mais aussi sur son style.

VITESSE SUR GLACE
Le patinage de vitesse sur longues distances est un sport gracieux. Deux patineurs courent contre la montre sur des distances comprises entre 500 et 10 000 m, se propulsant par des mouvements amples et puissants à des vitesses pouvant atteindre 56 km/h. La même discipline sur courtes distances, en revanche, est visuellement et physiquement beaucoup plus agressive. Introduite en 1992 aux jeux d'Albertville, en France, elle se pratique sur une petite piste de 111 m, sur des distances de 500 à 1 000 m en individuel, et de 3 000 m pour le relais par équipes.

Les skieurs de descente utilisent des bâtons galbés qui épousent les formes du corps, et réduisent ainsi la traînée aérodynamique.

Lames de patins en acier

DRAMES ET CATASTROPHES

Chute de pierres

Neige

L'un des accidents les plus meurtriers de l'histoire de l'alpinisme s'est produit le 13 juillet 1990 sur le pic Lénine, en Russie, où une gigantesque avalanche ensevelit 43 des occupants d'un camp situé à 5 200 m d'altitude. Les catastrophes de ce genre sont souvent imprévisibles, comme les glissements de terrain et les éboulements, qui font également des victimes. Certes, de nos jours, les scientifiques connaissent mieux les conditions susceptibles de déclencher ces phénomènes, et l'on prend des mesures pour les contrôler et en minimiser les conséquences. Néanmoins, le nombre de morts dus aux avalanches ne cesse de croître, en raison, avant tout, du développement des loisirs en montagne. En effet, les sports d'hiver attirent des dizaines de millions de vacanciers tous les ans. Pour accueillir ces foules, on construit de plus en plus de routes et d'agglomérations dans des secteurs sensibles.

QUAND LES VOLCANS SE DÉCHAÎNENT
Les volcans sont les sites potentiels de catastrophes naturelles spectaculaires et dévastatrices. L'une des éruptions les plus célèbres est celle qui secoua le Vésuve, près de Naples, en Italie, le 24 août de l'an 79. Lorsque ce volcan, alors endormi de longue date, entra en éruption, les habitants de la ville romaine de Pompéi, située à ses pieds, se trouvèrent pris au piège. Des pierres ponces et des cendres chaudes tombèrent en pluie sur la ville, sur plusieurs mètres d'épaisseur. Plus de deux mille personnes furent ensevelies et périrent ce jour-là.

A Pompéi, les cendres volcaniques du Vésuve firent comme un moule autour du corps des victimes. Les corps se sont ensuite décomposés, laissant leur forme en creux dans la roche.

ENGLUÉ DANS LA BOUE
Le terme d'avalanche est le plus souvent associé à la neige, mais il peut aussi bien s'appliquer à une chute de roches ou un glissement de terrain. Les coulées boueuses, comme celle qui est montrée ici et qui est survenue à Caracas, au Venezuela, frappent généralement sans prévenir. Le mélange d'eau, de terre et de pierres, de consistance épaisse, dévale les pentes à la vitesse de 10 km/h, détruisant tout sur son passage. On a vu de telles « vagues » atteindre 15 m de hauteur. Ce genre de phénomène est plus fréquent dans les régions de collines sèches à la suite de périodes de précipitations prolongées.

Des objets aussi gros que des blocs de rochers, des voitures et même des maisons peuvent être emportés par le flot de boue.

RISQUE D'AVALANCHE
Les pentes les plus susceptibles de connaître des avalanches sont celles dont l'inclinaison est comprise entre 30° et 45°. Elles peuvent se couvrir de neige fraîche, être mouillées par les pluies de printemps ou balayées par le fœhn, un vent chaud et sec. Le manteau neigeux devient alors instable et se met en mouvement.

Une grosse avalanche peut déplacer un volume de neige équivalant à celui de vingt terrains de football recouverts par trois mètres d'épaisseur.

1 LA ZONE DE DÉCLENCHEMENT
La neige déstabilisée commence à s'écouler. L'avalanche peut être déclenchée par les vibrations de l'air : coup de tonnerre ou de fusil, simple explosion dans une carrière, voire un cri. Une trace de ski peut également avoir le même effet.

2 LA POUSSÉE INEXORABLE
Sur le front d'avalanche, une énorme masse d'air est comprimée par la neige en mouvement, créant une onde de pression capable d'abattre des arbres. De larges tranchées parallèles à la pente dans les forêts alpines indiquent un secteur où les avalanches sont fréquentes.

3 NAGER OU, PLUTÔT, RESTER PRUDENT
Dans une avalanche, des spécialistes conseillent de tenter de rester à la surface en « nageant ». Mais le seul bon conseil est d'éviter les zones avalancheuses. Une fois que l'avalanche a cessé, la neige gèle et durcit, emprisonnant les malheureuses victimes.

PROTÉGER LES MONTAGNES : UN IMPÉRATIF POUR L'AVENIR

En dépit de leur imposante apparence, les montagnes sont des milieux fragiles, très sensibles aux activités humaines. Qu'elles soient agricoles ou touristiques, ces dernières font disparaître des zones de forêts. Privée de ce manteau protecteur, la terre, peu épaisse sur les reliefs, est ravinée par les pluies. Les pentes sont mises à nu tandis qu'en contrebas, les limons venus de la montagne obstruent les cours d'eau et, lorsqu'ils se déversent dans la mer, étouffent les fragiles récifs coralliens. Le besoin de terres, notamment dans les pays en voie de développement, est également une menace grandissante sur les milieux montagnards. Les organismes de protection de la nature tentent d'inverser le processus en replantant des forêts et en promouvant des modes de mise en valeur mieux pensés et plus respectueux de la nature.

L'ÉROSION DES SOLS
L'abattage des forêts de montagne peut entraîner une grave érosion des sols. Ainsi, au Népal, on estime que plus de 300 000 t d'humus disparaissent des pentes dénudées chaque année. Lorsqu'on sait que la nature met entre 100 et 2 500 ans à reconstituer une épaisseur d'humus de seulement 2,5 cm, on comprend que les effets de cette érosion s'avèrent dévastateurs tant à court terme qu'à long terme.

L'ÉNERGIE DE LA LUMIÈRE
Les cellules photovoltaïques transforment l'énergie du soleil en électricité. Elles sont bien adaptées au milieu montagnard, où le rayonnement solaire est intense. Coûteux à l'achat, d'une esthétique discutable et limités en puissance, les panneaux solaires sont pourtant d'un emploi économique, et l'énergie qu'ils produisent est propre et sans impact sur la nature.

Renard polaire

LE RÉCHAUFFEMENT DU CLIMAT
Les animaux de montagne, tel le renard polaire, sont bien adaptés aux climats froids. Mais notre planète connaît actuellement un réchauffement global dû à l'augmentation du taux de gaz carbonique dans l'atmosphère, en raison de la combustion du charbon et du pétrole. Ces animaux ont donc tendance à migrer vers les zones plus élevées de la montagne, et ils sont remplacés par des espèces habituées aux milieux plus doux. Ainsi, dans les montagnes de Scandinavie, apparaît progressivement le renard roux commun, au détriment du renard polaire.

AU CHEVET DES FORÊTS HIMALAYENNES
Dans l'Himalaya, de vastes forêts ont été abattues, mais tout espoir n'est pas perdu. En effet, plusieurs projets en cours visent au reboisement. Ainsi, le Sir Edmund Hillary Himalayan Trust fait pousser près de 100 000 jeunes arbres chaque année dans le but de les réintroduire sur les pentes himalayennes. A ce jour, plus d'un million ont déjà été replantés. On voit ici de jeunes arbrisseaux dans une pépinière de Ghandrung, un petit village non loin de l'Annapurna, au Népal.

Bouteilles d'oxygène vides attendant d'être enlevées

DES DÉCHARGES JUSQUE SUR L'EVEREST
Pendant cinquante ans, les alpinistes, trop fatigués pour redescendre leurs déchets de l'Everest, ont pris la mauvaise habitude de les laisser au col sud. La plupart des détritus les plus légers ont été emportés par les vents, mais les lourdes bouteilles d'oxygène vides sont restées. De nos jours, les expéditions suivent des règles environnementales plus strictes.

UN ESPOIR POUR LE PANDA ?
Le grand panda ne se rencontre plus que dans six massifs forestiers de montagne de l'ouest de la Chine. Seuls 700 à 1 000 individus subsistent à l'état sauvage, à cause de la destruction de leur habitat par l'homme. Les tentatives de reproduction en captivité n'ont pas donné grand-chose, et l'avenir de l'espèce reste suspendu à la sauvegarde de leur habitat naturel.

Il se nourrit de pousses de bambou.

Grand panda

INDEX

NOTES

Dorling Kindersley tient à remercier : Bob Lawford et The Alpine Club, London, pour leur aide et la consultation de leurs archives. Bob Sharp pour le prêt de matériel de secours en montagne et Chris Millers de Lyon Equipment pour les images d'équipement d'escalade. John Cleare pour son aide dans la recherche iconographique.
Assistance graphique et éditoriale : Amanda Rayner, Sheila Collins et Nomazwe Madonko.
Photographies complémentaires de Gary Ombler

ICONOGRAPHIE

h = haut ; b = bas ; g = gauche ; d = droite ; c = centre

Advertising Archives : 2hd, 56cg. Allsport : 58–59 ; Jamie Squire 58cb ; Mike Powell 59hg, 59cdh ; Olympic Museum 58hg, 58hd ; Pascal Rondeau 56cdh ; Shaun Botterill 59bd ; Sylvie Chappaz 46bg. Ancient Art & Architecture Collection : R. Sheridan 33bd. Art Directors & TRIP : H Rogers 35g ; M. Jenkin 34cd ; T. Bognar 20cg ; W. Jacobs 26–27. Ashmolean Museum : 2hg, 3hg, 23c. Birmingham Museum : 2ch, 28cg. Chris Bonington Picture Library : 11h, 13d, 15hd, 46hd, 46–47, 50–51, 55hg, 55d ; Doug Scott 15c ; Dr Keuchi Yamada 3b, 10bd ; Hilary Boardman 11cd ; Peter Boardman 15bd ; Leo Dickinson 47ch ; Doug Scott 15c ; Dr Keuchi Yamada 3b, 10bd. Bridgeman Art Library, London/New York : Fitzwilliam Museum, University of Cambridge 40–41. British Museum : 37hd. Bruce Coleman Ltd : Mark Carwardine 18bd. Corbis UK Ltd : 6c ; W. Perry Conway 14hg ; Hulton-Deutsch Collection 30hg ; David Muench 8cd ; Roger Ressmeyer 6b. Dick Bass : 10bg. Mary Evans Picture Library : 24cg, 29hg, 32bd, 40bg, 41cd, 50hg, 52bg, 54l. FLPA – Images of nature : C. Carvalho 19hd. Werner Forman Archive : Courtesy Ariadne Gallery, New York 33hd ; Nick Saunders/Barbara Heller 34hg. John Frost Historical Newspapers : 44hd, 45bg. Gables : 20bd, 21d, 22hd, 23bd, 23h. Gettyone Stone : David Hanson 24bg ; Arnuif Husmo 25 ; Bob Torrez 2cd, 57c ; Stuart Westmorland 16–17 ; Robert Yager 9hd. Glasgow Museum : 4hg. Glenbow Museum, Calgary : 30–31. Robert Harding Picture Library : Anchorage Museum 31bd ; Gavin Hellier 36–37. Hornimann Museum : 33g. Hutchison Library : H. R. Dorig 26hg, 29hc ; Jeremy A. Horner 27hd ; William Holtby 36hd. INAH : 28bd, 32bg. Lyon Equipment : www. charlet-moser.com 4cd ; www.marmot.com 49hg, 49bg ; www.ortlieb.de 51hd. John Cleare/ Mountain Camera : 12bg, 13hg, 13hc, 42hd, 43b, 46–47b, 52–53, 54b ; Hedgehog House NZ 42–43 ; Colin Monteath 50c ; Pat Morrow 11b, 63hd. Museum of Mankind : 26hd. N.H.P.A. : Laurie Campbell 16cg ; Julie Meech 9cb. S. Noel : 42hg, 42cgb, 43cg. Oxford Scientific Films : Sean Morris 16hg ; Tom Ulrich 19cg. Pitt Rivers Museum : 27bd. Planet Earth Pictures : 11cg ; Nick Garbutt 62hg ; Yva Momatiuk 10hd. Popperfoto : Werner Nosko 41bd. Rex Features : M. Leon 60b ; Today 53bd. Royal Geographical Society : 43hd, 44g, 45hd, 45cg, 45bd ; Gregory 44cd, 45hg. Royal Museum of Scotland : 2c, 3hd, 4bg, 26bg, 28hd, 28bg, 29hd, 29cg, 29c, 29bg, 36hg. Science & Society Picture Library : National Railway Museum 38bg. Science Photo Library : David Parker 37hg. Rebecca Stephens : 10–11, 20cd, 37cd. Still Pictures : Roberta Parkin 61hd, 61cd, 61bd, 61g ; Hartmut Schwarzbach 62cd, 63hg. Stock Shot : J. Stock 36bd. Telegraph Colour Library : Michael J. Howell 30bg ; L. Lefkowitz 39b. Jane Tetzlaff : 22bg, 22g, 34bg, 39hg. Topham Picturepoint : 31hd, 31cd, 47bd, 58c. Williamson Collection : 45bg.

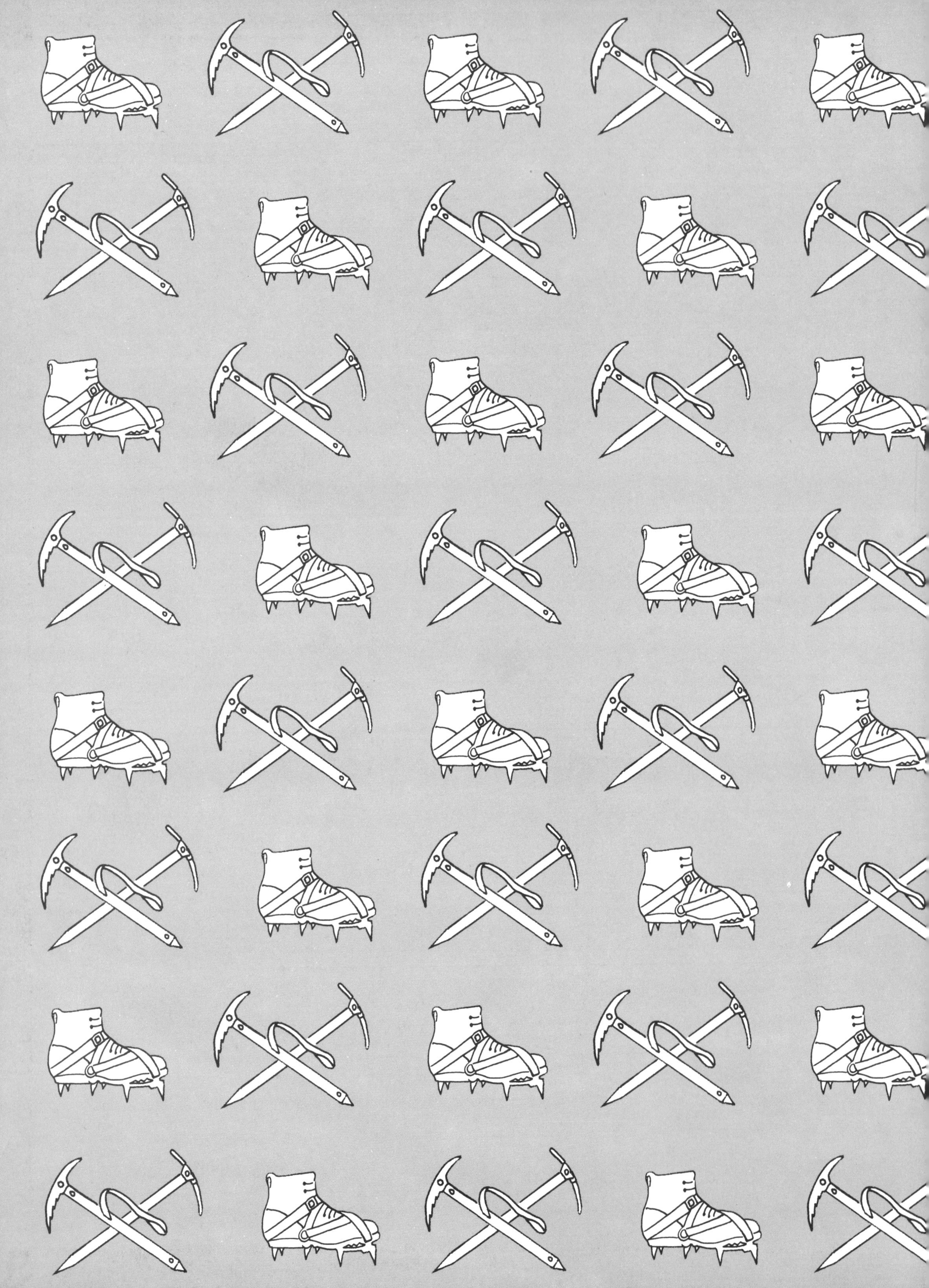